# 骑行笔记
# Cycling

[荷]雷默特·维林加　[英]保罗·考彻　[英]托马索·贝尔纳贝伊　编　　乔　钧　王会儒　主译

乔　钧　王会儒　陆玉瑾　李芳芳　徐　倩　孙李慧子　译

河南科学技术出版社
·郑州·

备案号：豫著许可备字-2019-A-0035

**图书在版编目（CIP）数据**

骑行笔记 /（荷）雷默特·维林加，（英）保罗·考彻，（英）托马索·贝尔纳贝伊编；乔钧，王会儒主译. —郑州：河南科学技术出版社，2019.10

ISBN 978-7-5349-9612-2

Ⅰ. ①骑… Ⅱ. ①雷… ②保… ③托… ④乔… ⑤王… Ⅲ. ①自行车运动—运动训练 Ⅳ. ①G872.32

中国版本图书馆CIP数据核字(2019)第151832号

出版发行：河南科学技术出版社
地址：郑州市郑东新区祥盛街27号　　邮编：450016
电话：（0371）65788858　　65788629
网址：www.hnstp.cn
策划编辑：李　林
责任编辑：于凯燕
责任校对：崔春娟
封面设计：张　伟
责任印制：朱　飞
印　　刷：郑州市毛庄印刷厂
经　　销：全国新华书店
开　　本：787 mm ×1092 mm　1/16　印张：9.75　字数：120千字
版　　次：2019年10月第1版　2019年10月第1次印刷
定　　价：39.80元

# 目录

# 前言

本书提供了丰富的资料，可以让自行车运动员增加骑行的时间，并更好地去享受骑行这一伟大的运动。我受到启发，想激励人们去充分利用他们的骑行经验，想向人们传递我多年在车座上所学到的知识，我希望这些能通过接下来的内容传达出来。

多数自行车运动员在尝试提升骑行表现的时候会碰到困难，因为他们还没有获得必要的知识。虽然互联网上有无尽的关于自行车运动的资源，但是将这些问题整理完全往往很困难。为了成为一名更好的车手，你需要掌握所有必要的知识。

本书旨在介绍所有关于自行车运动的知识，通过我多年在自行车运动道路上获得的实战经验，提供更详尽的事实和技巧。我一直坚持不采用科学讲座的形式，而是用简单明了的形式阐释原理。我的阐述简单明了，是建立在我日积月累对自行车运动研究的坚实基础上的。

**自行车运动：认真对待这项运动。**

提供我的自行车运动职业生涯中和我作为教练时获得的所有基本知识和经验，是为了帮助读者更好地理解在这项运动中哪些是必要的。不论你是一名新手还是一名有经验的赛车手，抑或是仅想通过骑行增强体质的健康达人，在本书中都能找到可以帮助你改善骑行技术的核心技巧，并能帮助你追求你的个人目标。

本书第一部分是关于自行车运动基础知识的概述。因为在骑车上路之前，学习这项运动的基础知识是很重要的。

第二部分以一种清晰、形象的方式来展现骑行技术的真实情境。掌握一些技巧和技术对骑行者来说是必不可少的，这些技能包括平稳蹬踏、跟骑（或者尾随）、爬坡、下坡、转弯，以及在阴雨天气和刮风天气骑行的要点。

第三部分主要概括了一些训练技巧的原理，这些是耐力训练的基础。无论你骑行的目的是什么，你都能从这些训练中获益。

第四部分是关于综合训练的内容。这对于任何想认真对待骑行的人来说都是训练课程中不可或缺的部分。

第五部分是你需要的关于营养的所有知识，讲述各种营养素和如何合理搭配、均衡饮食。

最后——第六部分，详尽地描述了道路骑行的训练方案，它包含详细的专业知识，可以有效实施的专门训练方法。

如果你决定从事自行车运动，所有这些信息都为你提供了基础，让你可以提升自己的表现。我们都有惊人的运动能力，但是需要通过必要的努力才能发挥我们的潜能。

你的努力，加上这本书中概括的正确的方法和聪明的训练技巧，三者结合就可以给你的骑行带来成功。祝你在这一有趣的运动中获得快乐的旅程和精彩的成就！

**雷默特·维林加**

# 概述

// 提高速度
// 训练原则
// 睡眠、食物和水

# 入门指南

了解自己和自己的极限，认清自己的长处和短处。如果你是一名短跑运动员，你愿意花时间在赛道上提高速度吗？如果你想提高爬坡能力，你有机会定期在山坡和山区训练吗？

保持动力，想好目的，定好目标。除了体能和技术方面，骑行的精神方面也需要关注。动机、意志力、专注力、焦虑和决心等因素对能否实现骑行目标有决定性的影响。保持你的训练和比赛项目的动力，从设定正确的目标开始。在接下来的这个赛季或者以后赛季比赛中想要达到什么目标？

设定适当的目标，是为了使可行的目标最大化。总是过于雄心勃勃而没有成功是没有意义的，总是满足于容易实现的目标也会让你一无所获。在自行车生涯中，保持理想和现实之间的平衡是一个重要的学习过程。也可以根据比赛的某些方面设定目标，如学会在人群中间骑行，参与短距离冲刺比赛或在车队中处于领先位置。在这个赛季的某一阶段实现这些小目标会让你更有信心实现主要目标。

在骑行生涯中，你很有可能不止一次出现缺乏动力的情况。这可能会在你缺席一两次自行车训练课时慢慢开始，更有甚者，这有可能会逐步发展到你不再骑行的地步。有很多因素会导致你失去动力，如骑行路上令人失望的表现、生活中的问题、枯燥无趣、肌肉酸痛，甚至是没有时间。试着把这些因素视为挑战，而不是障碍，并应用技巧去设定目标。

设计你的训练方案。对训练方案进行适当的规划是成功的基础。它确保你有一个可实现的前景和一个可实施的战略。训练方案设计中最重要的方面是你的生理能力和训练原则，如逐渐减量（逐渐减少训练的数量和强度），达到峰值（在主要比赛前达到你的最大潜能），恢复（在不同的训练课程和赛季之间休息）。将这些因素纳入训练方案就形成了周期化。周期化是训练和比赛的长期规划和安排，涉及很多变量，包括频率(你训练的频率如何)、持续时间（你训练一个项目的时间长度）和强度（在任何给定的时间里你是如何努力训练的）。从这些变量中，可以找到一些技巧来帮助你在关键比赛中达到顶峰，让你知道你要去哪里和怎么去那里。

# 为提升速度做准备

许多耐力运动不需要极端的生理能力（如马拉松选手不需要快速冲刺）。然而，冲刺对自行车运动的成功来说是至关重要的。

速度训练不应与间歇训练混淆。两者有相似之处，但不同之处在于恢复时间的长短。间歇训练通过大约20秒到几分钟时间内的力量爆发训练提高无氧和有氧能力，然后是相对较短的恢复期，其最长恢复时间是训练时间的2倍。

这种训练的目的是在重复的间歇中增加或减少训练的强度，以此提高在高强度的训练中持续恢复的能力。在高强度间歇训练中，身体会积累高水平的乳酸，心率有时可达到自己心率最大值的95%~100%。

速度训练可以用来增加速度和力量峰值。训练时间不超过20秒。速度和力量峰值是关键因素，而不是心率。接着是6~15倍训练时间的休息，恢复休息的时间较长，这可以确保肌肉中不产生乳酸。

你的冲刺能力是由反应时间和运动时间所决定的。反应时间与爆发力有关，并可测量你加速的速度有多快。反应时间是指从刺激呈现到做出反应的时间。例如，看到你的对手在冲刺阶段全力冲刺的那一刻到你开始冲刺时所用的时间。

对年轻人来说，反应时间较短。随着年龄的增长，反应能力也会逐渐减弱，它可以通过练习来提高。达到一定程度，如疲劳时，反应能力会下降。参加集体冲刺是一种可提高反应时间的方法。这有助于将注意力集中于竞争对手的行为，渐渐地你将学会在有人加速时立即做出反应。

运动时间是完成间歇训练所需要的时间，是从运动开始到结束，并且与冲刺时你能达到的最高速度有关。公路比赛结束时的冲刺一般以较快的速度开始，通常超过50千米/时。在这种情况下，保持最高速度的能力至关重要。但是你能提高多少冲刺能力呢?

你可以改善运动能力，但运动能力的强弱最终还要归结为遗传:如果没有高百分比（超过50%）的IIb型（快收缩/白色）肌纤维，你将永远不会成为一个纯粹的冲刺者。与I型和IIa型肌纤维相反，IIb型肌纤维即便在特定的训练机制下，也不能明显改善。就像骑行的所有因素，你需要充分利用你所拥有的东西。

# 更多关于冲刺的知识

冲刺是一件你要么喜欢要么不喜欢的事。你会注意到，在早期骑行的岁月里，你或者可以依赖于自己的冲刺能力，或者更倾向于把耐力作为基础。有些自行车运动员天生具有更快速的肌纤维（IIb型），这使得他们能训练出极高的能力，并且在人群中冲刺时感到很自信。尽管有些自行车运动员具有更多的慢肌纤维，但他们对疲劳有很高的抵抗力，并能培养良好的耐力。他们更喜欢独自一人来赢得比赛，而不是在小组冲刺中获胜。

然而，冲刺是至关重要的，因为大多数比赛都是在冲刺中结束——或者是一个小的领先，或者是比赛将要结束时的集体冲刺——在一次单独的领先后，车手在比赛中获胜是相当罕见的。然而，许多人根本就不注意这方面的训练。如果你想要提高获胜概率，或者希望缩短比赛时间，在每周的基础训练上加入一些短距离的冲刺训练可以帮助你在冲刺的时候建立自信和能力。

另外一个好处是你可以提升高速竞赛时的协调性。这可以让你在比赛的关键时刻适应快节奏，例如，当有人攻击或者当车群在高速行驶时，突然的侧风导致车群分散时。

另一种提高冲刺能力尤其是提高你的反应能力的方法，是只要一有机会就去参加比赛的冲刺。冲刺阶段是运动里很重要的一部分。为了避免在今后职业生涯中犯同样的错误，你必须从职业生涯开始时犯的错误中吸取教训。

即使失去了领先位置，即使你不能为了胜利再冲刺了，你总有机会在比赛过程中提高自己的冲刺能力，即使只是为了好玩。总有一天，你将有一个更好的状态，然后你可以将所有的冲刺经验转化成你的优势。

**冲刺技术**

当你准备冲刺时，双手摆放在车把上的位置是非常重要的——把手一直放在下把手上可降低身体，从而减小空气阻力。当开始冲刺时，以非常低的速度启动，慢慢加速，屁股离开车座，轻轻弯曲手臂，整个冲刺过程就像在脚踏板上奔跑一样。

随着你轻微地把自行车从左向右移动时推拉车把，保持重心放在臀部与自行车垂直的位置上，这将使你的重心在踏板上产生下压力。逐渐地，当速度增加到最大值的时候，肩膀应该向前和向下运动，并伴随着肘部弯曲，因为空气阻力变得越来越重要。

换挡是冲刺的另一个重要方面。它首先应该符合你的体质水平和在某一个训练周期里给定的目标。其次，除非你的具体目标是增加力量峰值，否则你应该避免变速装置组合过大，因为它需要极高的力量峰值。

当你增加节奏时，就减少了力量输出，因此你更容易达到最大的力量水平。理想的节奏是每分钟130转。在一场比赛的最后几公里中，在真正的冲刺之前，用一个低速换挡也能让你加速更快。

当你必须在车群中超越其他人的时候，或者你在最后所剩无几的距离内必须对处在领先位置并试图脱离车群的自行车运动员做出反应的时候，这就变得越来越有利了。在这两种情况下，一个低速换挡可以让你更快地做出反应，或者采取更有力的动作。

**强化你的冲刺策略**

1.赛前，首先要熟悉路线图，直接关注现场并特别注意比赛的最后1 000米。检查风向和任何可能导致速度下降的情况，如上坡、拐弯或狭窄路口。试着固定一个参照点，你知道从那个点起就能开始冲刺，并一直坚持到终点线。当你准备冲刺的时候，应始终保持位于前面自行车运动员的背风侧。

2.当比赛进入最后几公里时，试着节省体力，尽你所能保持在主车队中避免迎风。保持在较前的小组中第一线的20~30名自行车运动员之间是十分重要的。但是避免过多地移动到前面——你不应该浪费体力，超过车队太多而让其他人都追随你的速度，这会让你逐渐消耗在冲刺中需要的体力。在越来越靠近最后1公里时，把注意力集中在跟随车队中第一批的车手上。留在那些正在设定速度的车手后面，因为他们是理想的“飞行员”，有助于你最后的冲刺前进。

3.最后要提到的一点是最后加速的时间。在车队里你可能拥有最迅速的双腿，但是如果时机不合适，你也不一定会赢。随着终点的临近，紧张的车手们会冲刺得太快，但是他们不能保持这个速度直到终点。不要犯这个错误。尽可能地保持跟骑在其他冲刺的选手后面，找到或者制造一个空缺，只有当你确定这一刻是你冲向终点的时刻，才开始你的最后冲刺。始终保持向比赛终线冲刺的速度，并且在此之前永远不要停止踩踏板——直到你越过终点线的时候比赛才会终止！

# 力量和速度

## 世界杯男子冲刺，加速距离200米

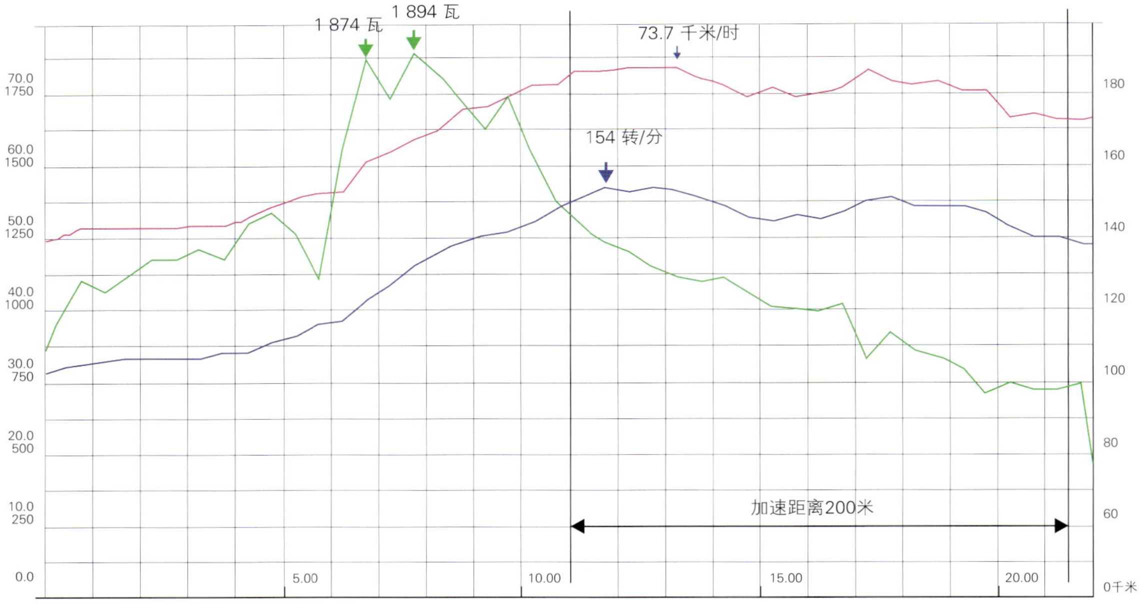


注：功率（瓦）用绿线表示；速度（千米/时）用紫线表示；踏频（转/分）用蓝线表示。

## 世界杯冲刺

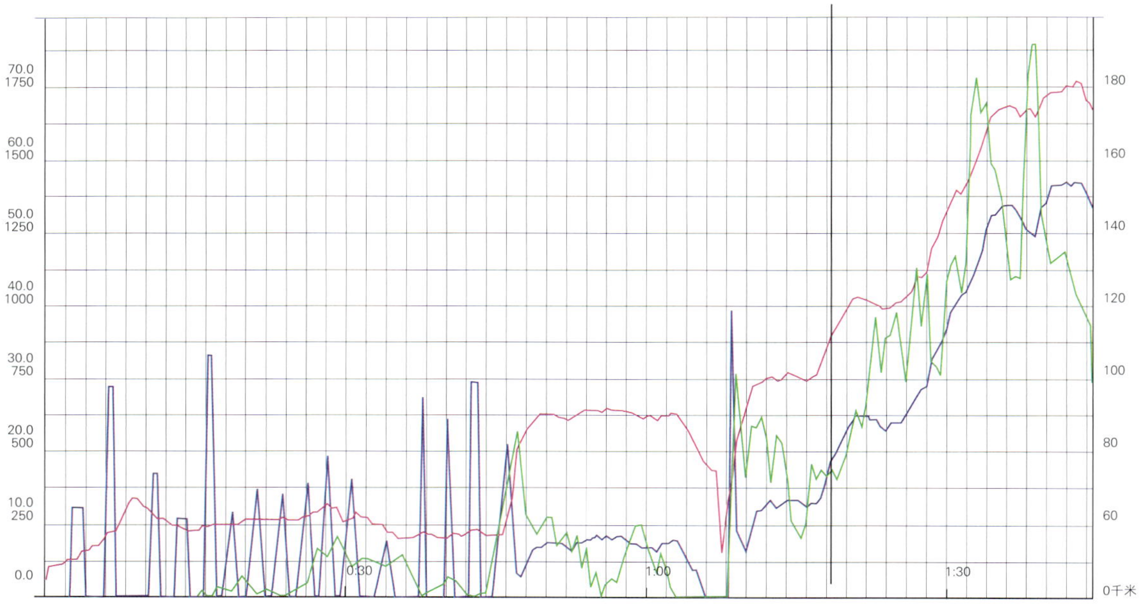


注：功率（瓦）用绿线表示；速度（千米/时）用紫线表示；踏频（转/分）用蓝线表示。

**男子个人冲刺的案例**

这些车手的速度和能力是怎样的？让我们来看一位在这个项目中赢得世界杯冠军的车手的资料（尽管这些资料来自不同的世界杯）。首先，让我们看一下加速200米预选赛（见上页图）。

1.从开始尽最大努力冲刺到终点线，他用了22秒。平均功率为1 184瓦。
2.在加速的200米开始前3.5秒，峰值功率达到1 894瓦。
3.200米的平均功率为975瓦，平均速度为70.95千米/时。
4.平均踏频大约是在10.5秒完成的，200米是148转/分。

你可以看到尽最大力是在200米开头之前完成的，速度和踏频在作用力开始之前达到峰值（见下图）。

在比赛的冲刺阶段，使用的战术不同，绘制出来的曲线看起来也很不一样。然而，终点总是有冲刺。让我们看一看与自行车资格赛是同一天的一场比赛里的冲刺竞赛。

1.前100米的速度大约是10千米/时或者更慢，非常慢。
2.在经过575瓦的努力后，下一个100米的速度上升到了大约25千米/时。
3.车手再次减速，然后有一个更大但仍然断断续续的力让车速达到了55千米/时。
4.车手从那里开始“冲刺”，使用的力增大到1 781瓦（仍然不是车手最大的力），速度增加到67千米/时和提升到大约148转/分的踏频。
5.在离终点线约100米的地方，力量爆发，车手冲刺到1 898瓦的力和70.7千米/时的速度。

这些车手的力量和速度是令人难以置信的，但最令人印象深刻的是他们的努力和他们对自行车的控制。跑道冲刺运动员拥有最好的自行车技能，并且总是能保持对自行车的控制，即使是在以大约70千米/时的速度与其他车手接触时，也能保持对自行车的控制。

**世界杯男子冲刺，最后400米**

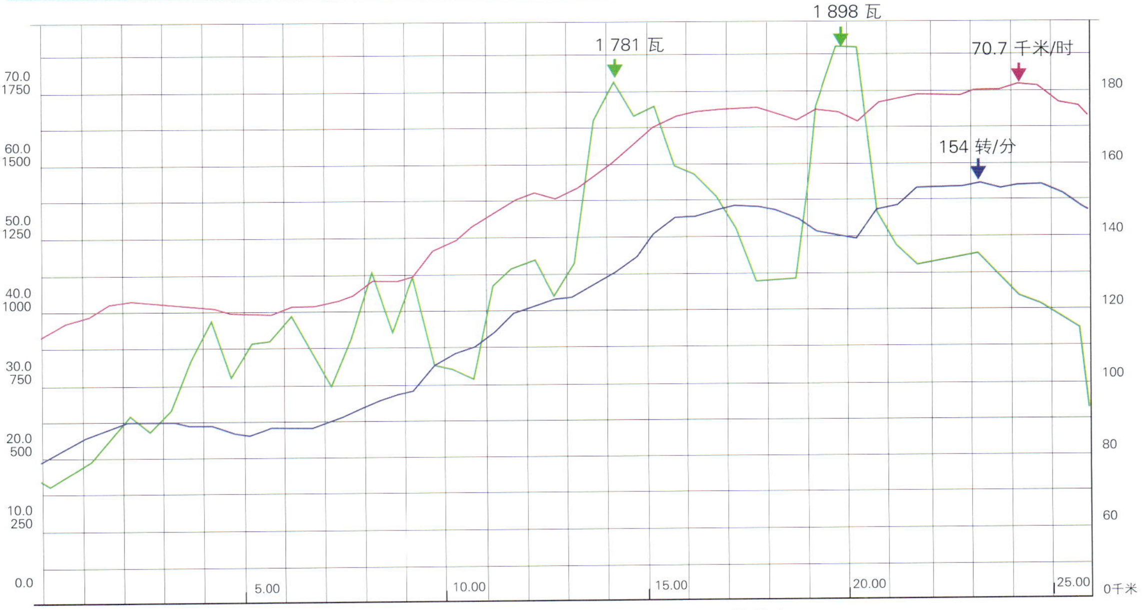


注：功率（瓦）用绿线表示；速度（千米/时）用紫线表示；踏频（转/分）用蓝线表示。
图片来源：www.srm.com，已授权。

# 训练原则

SPORT训练原则，致力于帮助你理解训练过程和设计训练步骤，并使你感受到能力的稳步提升。

特异性（Specificity）——明确训练目的是为了完成你希望实现的目标。简单来说，如果你希望提高长距离骑行的能力，就不要在冲刺训练中花费过多的时间。

连续性（Progression）——身体素质随着训练强度的提高会逐渐增强，最终会提高整体运动水平和竞技状态。

超载性（Overload）——在一定程度上，超负荷训练会促进状态的提升。如果你一直保持相同强度和速度训练，就不会达到预期的效果。需要不断用超负荷强度刺激肌肉和心血管系统，这样才能达到增强肌肉力量和提高运动水平的目的。

可逆性（Reversibility）——中止或降低训练强度，体质会下降，因而总体表现也会下降。因身体不适中断训练者，再次开始训练的时候，会发现运动水平减退。

单调性（Tedium）——请保持运动激情。如果在训练中感到无聊或者不想去训练，那你的训练积极性就在减退，这会造成训练效果的减退甚至逃课。这会导致可逆性的发生。

在制订训练计划的时候，要遵循FITT原则完成SPORT训练原则。举个例子，为了确保SPORT训练原则中的连续性与超载性，可以增加训练课程的频率、每节课的强度，或者增加运动时长；为了避免可逆性的出现，在生病的时候降低训练强度；为了避免运动的单调性，可以转变训练方法。一次训练调整一个方面，不要几个方面同时调整，否则身体会因无法适应这么多的要求而受伤。

**频率**（Frequency）——多长时间训练一次。

**强度**（Intensity）——训练的强度。

**时间**（Time）——训练的时间。

**类型**（Type）——正在使用的训练方法。

# 睡眠、食物和水

保持正确的训练与休息的比例是非常重要的，训练与休息的不平衡会造成过度训练，这会降低训练效果与比赛水平，增加受伤概率。简单地说，休息与训练同样重要，当身体能适应更长时间的训练时，也要保证更高质量的休息。

- 制订一个时间表：严格控制睡眠时间。包括周末的每一天都要在同一个时间入睡及起床，最好能保证每天至少8小时的睡眠时间。打乱这个规律，可能会造成失眠。周末的“赖床”会造成周一很难按原定时间起床，因为需要重新设定睡眠生物钟。

- 锻炼：每天锻炼有助于睡眠，但是睡前锻炼会影响睡眠。最好是在睡前5~6小时完成锻炼。

- 避免咖啡因、尼古丁和酒精的摄入：不要在睡前摄入有刺激性的食物。咖啡、巧克力、软饮料、茶、减肥药和一些止痛药都含有咖啡因，睡前应避免食用。睡前也不要吸烟，因为尼古丁会直接作用于睡眠中枢，影响睡眠质量。酒精虽然可以减少入睡时间，但是睡前1小时之内摄入过多的酒精，会降低深睡眠和快速眼动睡眠（身体恢复的最佳时期）的质量，使人始终处于浅睡眠状态。

- 睡前放松：看书、听音乐、性行为、泡澡都有助于睡眠。可以建立某一个行为与睡眠的联系，使这个行为成为入睡常规中的一部分。如果不能入睡，不要躺在床上，可以做一些放松的事情（如前文提到的有助于睡眠的行为），直到感到疲惫。

- 控制室内环境：确保卧室温度为比较凉爽的18~19℃，相对湿度为65%。尽可能保持室内黑暗及安静。

请刻苦训练，充分休息。补充营养物质可以维持训练中的供能，蛋白质、维生素、矿物质有助于身体的恢复。如果没有摄入充足的碳水化合物、蛋白质、脂肪及维生素，在训练中会很快感到疲惫且身体不能充分恢复，容易产生疲劳、疾病或损伤。补水至关重要，身体在水分充足的情况下才会发挥得更好。即使水含量只降低1%也会影响运动表现，所以要养成补水的习惯。

# 装备

### 在自行车上正确的位置

如果想通过骑行获得最大的益处，那么在自行车上找到合适的体位是至关重要的。一辆合适的自行车，是骑行舒适感和高效率的开始。找到正确的体位，确保用最少的肌肉来获得较多的能量。身体的正确体位是保证骑行成功和避免受伤的关键。如果你有背部、脖子、肩膀、膝盖疼痛，坐鞍处疼痛或手指麻木，那么你的自行车可能不适合你。

我们每个人都不相同，都有不同大小的胳膊、腿、躯干，以及身体的其他部位。当你想在自行车上找到正确的体位时，要考虑所有这些因素。就如何找到正确的体位，以下给出了一些基本的建议。学习后，你可以根据自己的需要调整位置。

### 车架尺寸

测量自行车尺寸时，人骑跨在车架上，双脚平放于地面。自行车车架的合适尺寸是在车架顶部和胯部之间留出2~2.5厘米的间隙。计算车架尺寸更精确的公式是：腿内侧长度×0.64。之所以说这个公式是准确的，是因为它属于传统的车架几何学。这个传统的方法是测量中心到中心的距离，即车架立管的底架到坐垫最高点的距离（这个点位于车架立管和水平上管的交叉处）。由于压缩架的推广，目前坐垫最高点并不常是车架立管与水平上管交叉处（译者注）。

其他测量车架尺寸的方法：

### 中心到顶部

中心到顶部距离指的是从车架立管的底架中心到座位最高点的长度。一般来说，车架的大小约等于中心到中心的距离，加上15~20毫米。

### 紧凑型车架尺寸

许多自行车制造商指定紧凑型自行车车架的倾斜度，是根据车架立管的长度，测量方法有测量等效水平上管（center to center）

的长度及座高（center to top）的长度。车架尺寸通常不是体现在数值上，而是以“小、中、大”表现出来。这种测量方法的问题在于，要精确计算出理想的车架尺寸是很复杂的，除非制造商也提供传统的等效水平上管长度测量方法，且指定用于紧凑型车架。

**选择座管角度合适的车架**

座管角度是由车架立管和假想的水平线构成的角度，是最重要的角度。它决定着座椅的位置，因此，在购买车架前确定座管角度是非常重要的。

座管角度和骑行者的大腿（股骨）长度有关。标准的座管角度是72~75度，这个角度可允许拥有平均股骨长度的自行车运动员将膝盖垂直于踏板，并且胯部可前后小范围调整。股骨越长，座管角度越小，鞍座的位置就越远。

**调整自行车上的接触点**

在自行车上，有三个点支撑身体的重量：

• 踏板支撑脚。
• 鞍座支撑臀部。
• 握把支撑手。

如何确定每一个部位的正确定位，如下所述：

**鞋钉**

在你开始调整其他部位在自行车上的位置之前，必须先选择合适的鞋钉。为了最大限度地提高“脚踝”的效率和避免以后膝盖疼痛，必须调整脚的中心直接在踏板轴的中心线上方。该调整将能够实现最优的动力传输，并且脚部出现灼烧感的风险将大大减小，在某些情况下甚至会完全消失。

**调整鞍座的高度**

一旦你选择了正确的车架，并且已经安装了正确的鞋钉，接下来最重要的事情就是确定鞍座的高度。鞍座的高度会影响腿部肌肉的活动。如果鞍座太高，就会有过度拉伸肌肉的风险；如果鞍座太低，股四头肌会受到很大的压力。

合适的鞍座高度能使肌肉在纵向运动时达到最佳状态，且能够最大限度地发挥力量。鞍座的高度应是车架底部的中心到鞍座坐垫最高点的距离。想要计算鞍座高度，必须知道跨高（inseam length）。跨高测量方法如下：

1. 光脚靠墙站直，脚后跟贴地，头和背靠在墙上。
2. 两脚分开15~20厘米。
3. 把一根直径为3.5~7.5厘米的管子（如塑料管）放在胯部，就像鞍座一样对胯部施加相同压力。
4. 管子靠墙放，边缘水平。
5. 请一位朋友在管子最高点对应的墙上画一条线。

计算公式：最佳鞍高=跨高×0.88。

注意：这个鞍座高度是基于Look Keo踏板计算的。其他的踏板有不同的stack height（从踏板轴心到鞋底的距离）（表1）。你的脚离踏板轴越近，动力就会越有效地传递到自行车上。可以采取改变踏板的方法使脚能更靠近踏板轴。stack height越低，鞍座高度越低。例如，87.5厘米（跨高）×0.88=77厘米的鞍座高度（stack height为17.1毫米）。比如当你切换使用Shimano SL的踏板（stack height为13.7毫米），应该根据两个踏板之间的stack height差来降低鞍座高度，即17.1毫米-13.7毫米=3.4毫米，新的鞍座高度为76.6厘米。

如果需要完全改变鞍座高度，那就慢慢调整，这样你的身体就有时间去适应。如果你现在已经习惯了一个鞍座的高度，那么你可以每周调整2毫米。

**鞍座的前后位置**

鞍座的前后向（前后位置）的调整也扮演着重要的角色。如果鞍座太过向后，当脚踏板在3点钟位置达到最大力角时，脚后跟会过度降低（参考平稳蹬踏，第34~37页）。另一方面，如果鞍座放得太远，脚趾会过度向下，这会导致功率和效率的丧失。下面的方法告诉你如何正确地调整鞍座前后位置。

首先，舒适地坐下，把自行车鞋（正确安装防滑钉）放在脚踏板上，曲柄臂和鞋子与地面保持水平。确保前胎和后胎的压力是相等的（请朋友检查），而且更重要的是地面必须平整！

然后从膝关节前部垂下一条铅垂线，它应该直接穿过前踏板的轴端。当铅垂线在脚踏板的轴端前面或后面下降时，你必须根据需要将鞍座向前或者向后移动。

在鞍座下有大约55毫米的轨道可以向前和向后移动。在做任何前后调整之后，你应该重新检查鞍座高度。将鞍座向前移动意味着你必须稍微降低鞍座，向后移动鞍座意味着你必须稍微增加鞍座的高度。

鞍座应该是水平的，以支撑全身重量，并允许你在必要的时候在鞍座上移动。几乎在任何情况下，骑在前面倾斜的鞍座上都不是个好主意。

向上倾斜过多会导致出现压力点。当你向前滑行时，你实际上是在把你最脆弱的部分推到鞍座的前端，这可能会导致以后的健康问题。向下倾斜的鞍座会让你在骑行时向前滑动，并给你的手臂、手和膝盖施加额外的压力，这最终会导致受伤。你可以在鞍座的纵轴上放置一个水平仪，这样就可以很容易地检查鞍座是否水平。

**加长轴杆**

最能影响你上身位置的就是车把和顶管长度的组合，或者说是所谓的“伸手可及”。在一个标准的现成车架中，顶管长度与座架立管长度确实是有联系的，并且与平均尺寸的自行车运动员的上半身测量有关。

为了确定合适的加长轴杆，把手放在下把的位置（或者在刹车杆的顶部），而你舒服地坐在鞍座上，肘部稍微弯曲（地面必须是平整的）。在这个位置上，前轮的轮毂应该被车把的中间部分遮住。如果合适的顶管/轴杆长度组合不能用105~135毫米的阀杆来实现，可以试试更大的车架。

很明显，一个正确的空气动力学位置和一个舒适的躯干位置并不总是共存的。根据你的身体结构、灵活性和你所接受的训练，为了达到更好的空气动力学和更高的速度，臂展需要更长，或者为了恢复背部或颈部的舒适，提高上坡的效率则臂展需要更短。如果到车把的臂展是错误的，可以通过使用阀杆长度来修正，而不是向前或向后调整鞍座位置。

### 阀杆高度

从阀杆顶部开始到鞍座的顶部下面有4~5厘米。这个长度应该能让你舒服地接触到车把。随着时间的推移，你可以将阀杆降低2~3厘米，以帮助你矫正空气动力学位置。低于这个水平可以改善你的空气动力，但会抑制呼吸，并且你的腰背部或颈部就要开始抗议。一般来说，阀杆越高，你爬升得就越好；阀杆越低，空气阻力就越弱。大多数车手把他们的阀杆位置放得很低，很少利用他们握把的下面位置。

### 表1

| 踏板类型 | stack height（毫米） |
|---|---|
| Look PP 296 | 22 |
| Look CX 6 | 21.3 |
| Campagnolo Pro Fit | 20.5 |
| Look Keo（用于参考准则） | 17.1 |
| Time Equipe（3孔固定方式） | 16.5 |
| Shimano SL | 13.7 |
| Time RSX | 12.5 |
| Time RXS / RXE | 12.5 |
| Shimano SPD R | 12.0 |
| Time Impact（3孔固定方式） | 12.2 |
| Time Impact（4孔固定方式） | 11.5 |
| Speed Play（3孔固定方式） | 11.5 |
| Time Equipe（4孔固定方式） | 8.8 |

### 表2

| 跨高（厘米） | 曲柄长度（毫米） |
|---|---|
| 74~80 | 170 |
| 81~86 | 172.5 |
| 87~93 | 175 |

### 表3　测量

| FH | 车架高度 |
|---|---|
| TT | 车架上管 |
| SA | 座管倾角 |
| SH | 座高 |
| FA | 纵长 |
| SE | 加长轴杆 |
| SH | 轴杆高度 |
| SL | 轴杆长度 |
| HW | 车把宽度 |
| CL | 曲柄长度 |

### 车把宽度

对于一辆公路自行车来说，车把的宽度应该与肩膀的宽度相一致。太宽的车把会增加正面的表面积，导致空气动力学方面的损失。与一般的看法相反，窄的车把不会导致氧气摄入量的减少，但它们和宽大的车把相比会导致转向更紧张，因此骑行会变得不那么舒服。

### 曲柄长度

绝大多数骑行者使用的曲柄长度为170~175毫米。较长的曲柄臂便于在较低的频率下推动更大的变速齿轮，而较短的曲柄臂则可以较小的变速齿轮带动高频率。冲刺运动员需要爆发力，他们习惯了较短的曲柄，而计时赛专家和具有良好爬升能力的车手则喜欢较长的曲柄。在大多数正规训练标准骑行情况下，曲柄长度的标示见表2。

### 自行车链

很难想象普通的自行车链环会出什么问题。毕竟，世界各地有无数车手已经骑着这些圆环跑了数百万公里。此外，世界上的每一场职业比赛都是通过这些圆环完成的，顶级车手一再证明，在使用它们的同时，很有可能高效地创造出非凡的力量输出。

然而，人的生理机能并不一定是为了在两个圆圈上完美地蹬车而设计的。力量输出的测量结果表明，车手在踩下踏板过程中在中部产生的力比在转动到顶部和底部时大得多。许多自行车运动员花费数年的时间来对抗这种惯性，努力完善技术，最大限度地提高蹬车的效率来克服这些所谓的“死点”。

非圆环的想法是使用机械而不是生理的方法来提高蹬车效率和（或）动力输出，主要是通过在踏板的行程中仔细地改变有效链环的大小来实现。通常在下行行程中，当力量输出达到最大的时候圆环被设计成去推动一个更大的齿轮，而在蹬踏过程的顶部和底部去推动较小的齿轮以加速通过“死点”，在“死点”处，力量输出被大大削弱。

以O'symetrics［自行车链的制造商之一，其产品已经被顶级自行车运动员使用，如布拉德利·威金斯（Bradley Wiggins）］为例，标准的外圈道路圆环有52齿的牙盘，但由于它是椭圆形状，在有效动力冲程中它实际上是一个56齿的牙盘，而当车手穿过“死点”时，它是48齿的牙盘。制造商声称，这个结果根据力的等级，与普通的圆环相比，动力输出增加5%~15%，速度增长3%。此外，还有一些不可量化的优点，如减少在高应力“死点”产生的力导致膝关节劳损的可能性、更稳定的动力输出，以及在越野情况下改善牵引力，特别是在低踏频的情况下。

# 技巧与策略

// 更敏捷 // 更明智 // 更高效

# 基本原则

很多人骑自行车只是为了出去兜风。这并没有什么不对——毕竟我们喜欢骑自行车。但是为了充分利用骑行，提高效率，保存体力，最重要的是改善比赛所需的时间，你需要花费时间去改进技术。在骑行技术的几个方面上只要花一点时间，就会给你带来意想不到的结果。保持你所学的技术的稳定性，尽可能地利用你的优势。在顶级比赛中，能否通过更好的技术获得哪怕是最小的优势就意味着成功或是失败。

最重要的是，你需要确保自己做到保持平稳地踩着踏板，并消除你踏板顶部和底部的“死点”。集中注意力在转弯过程中给踏板施加一个均匀的向下推力和向上拉力，从而降低运动消耗。在踏板360度旋转中，你必须始终感到一种舒适的节奏，而不是觉得你在骑自行车。一旦你做到了这一点，你就会顺其自然地踩着踏板，把精力放在改善骑行的其他方面。

改进技术可以给你带来一种力量，即使是最让人畏惧的山峰也敢攀爬。你也会发现，随着下降和转弯速度越来越快，自己变得越来越自信。

提高你的技术，无论是上山还是下山，你都可以节省宝贵的时间。而且，想在一定时限里看到进步的自行车手是不可以忽略在一个队伍里骑行和跟骑所起的作用的，这对于在比赛后期保存体力至关重要。你的自信，不管是在山上、角落里，还是在大车队中骑行，都源自你在这些处境中习得的良好基础技术。一旦你相信自己的技术，你将看到自己各个方面的骑行能力都在提高。

天气在自行车运动中也扮演着重要的角色，所以要学会让自己的技术适应各种风雨环境。当然，我们都希望天气状况一直都是完美的，但事实并非如此。提升技术意味着你将不再抱怨风雨天气。此外，更好的技巧还有另一个好处：一旦你学会了，你应对困难局面时动力就提升了，再也没有什么可以害怕的了。

很多因素都能让你成为一个更好的自行车手——训练、营养、天赋等，但你必须不断努力提升技术，并努力保持它，这样你就不会再有陋习。

# 平稳蹬踏

**1** 在第三和第二象限（从6点钟位置到12点钟位置）专注于“向上拉”，抬起脚后跟给予额外的拉力。

**2** 在第一象限（从12点钟位置到3点钟位置）专注于“向下推”。

**3** 目标是尽可能顺利地通过踏板循环的“死点”——12点钟位置和6点钟位置。

平稳地蹬踏转动是骑行的一个关键方面。想象一下，一个筋疲力尽的自行车手用力蹬踏板，而一个有力的自行车手平稳有力地轻踩踏板，这两者的蹬踏效率差异巨大。在职业化自行车运动的历史中，我们看到过许多伟大的自行车运动员成功地运用了不同的蹬踏技术。

雅克·安奎狄（Jacques Anquetil）之所以出名，不仅是因为他的成就，还因为他作为自行车运动员，在骑行效率方面树立了标杆。安奎狄巧妙地利用生物力学原理，通过惊人的脚踝控制来消除蹬踏“死点”；而在这一点上，最好的工程师试图通过机械方法去做到，最后都无功而返。他的蹬踏技术能够有效并有益地延长蹬踏阶段，因此降低了每次踏板滑行的力度峰值。

从那以后，工程师们一直在研究与踏板有关的生物力学和物理因素。然而，几乎没有人开发出用机械方法来提高踏板效率的产品。不过，全球自行车零部件市场上也有一些链条环，它们旨在提高蹬踏效率（参考第28页）。

生物力学家研究了骑行的实际情况，观察骑行的人在踏板上应用的不同力量来识别和传授骑行的技术。他们区分了影响踏板效率的两个不同的力分量。

第一个分量是切向力分量，它将旋转力传递到曲柄上，因此是有效力的组成部分，因为它为自行车提供动力。

第二个分量是径向力分量，沿着踏板表面与曲柄平行，因此只会通过“加长”甚至“变形”曲柄来改变曲柄的形状，不会产生旋转力，这是一种无效的力分量。

在蹬踏技术方面，这两种力量在踏板上应用的程度将会导致踏板的效率提高（或降低）。在曲柄上施加更多的切向力，减少径向力是提高踏板效率的最有效方法。其结果是增加了扭矩，即切向力分量和曲柄长度的乘积。

虽然你在骑行时不会注意到，但在整个蹬踏过程中，踏板上施加的力在强度和方向上都在不断变化。踏板过程包括四个象限：第一象限向下和向前，第四象限向下和向后，第三象限向上和向后，第二象限向上和向前并回到起始点。

在蹬车时，你会遇到所谓的“死点”，也就是蹬车时的上死点。测力装置分析表明，当踏板与曲柄处于垂直位置时，踏板上的作用力接近于零。在第一象限中，经过上死点后，逐渐增加力道，直到曲柄达到3点钟的位置。到达这点，你就达到了蹬踏效率的峰值。

在第四象限，从3点钟位置到踏板旋转的死角，踏板上的力明显减小。在第三和第二象限（从6点钟位置到12点钟位置），你的脚和腿的重量施加了一个负力，它减慢了踏板向上的运动，从而导致一个反力矩。

但是你能做些什么来改善你的踏板呢?答案并不简单，因为物理和力学变量的复杂使得骑行的人、教练、制造商和科学家很难将生物力学应用到自行车上。但是其中一些因素是可以调整的，因此可以帮助你提升成绩和蹬踏效率。

你蹬踏踏板和踝关节运动所运用到的肌肉是相互关联的，并可以调整力学因素，比如几何车架、鞍座高度、曲柄长度、踏板的样式、脚的位置、链条的样式（圆形或非圆形）等。一个配有正确踏板且位置适合自己的自行车对于提升蹬踏效率是必不可少的（参考第22~28页）。

为了提升蹬踏效率，你需要从脚踝的运动中获得最大的效果。最佳的踝关节运动包括逐渐向下推过踏板的顶部，在底部向上拉。这个动作涉及踏板旋转中，踏板产生向下的力时，脚跟下降；踏板开始向上运动时，脚跟上提。

在蹬踏运动的还原阶段，要始终专注于曲柄的杠杆作用。这种技术可以在整个踏板旋转过程中对踏板施加恒压，在一定程度上可以消除循环的上、下两个“死点”。

其结果是蹬踏过程较少的肌肉峰值收缩，把负荷分散到更多肌肉上（尤其是更多的小腿肌肉上），从而达到平稳、高效的蹬踏，即你将克服较少的困难产生更多的动力。该技术可应用于低速爬坡。然而，在快节奏的高速赛段中，车手不能考虑单个的蹬踏动作，而应回归自然的状态。

自行车运动员在蹬踏时会采用不同的踝关节动作。根据你的柔韧性和基本生物力学，你可以采用抬高脚跟或者降低脚跟的方式。你的速度和节奏也有很大的影响：你的节奏越快，控制蹬踏技术的难度就越大。在踏板上的向下力和肌肉收缩在140转/分的冲刺是如此迅速以至于你无法控制你的蹬踏技术。

你会注意到，在这样快节奏的冲刺中，踏板上你的脚趾会明显指向下方。当你旋转时（脚蹬速度很小，阻力小），你不需要运用很大的力量，这有利于你的脚最少地使用踝关节，从而保持与小腿垂直的角度。但是当你踩得更慢的时候，也许需要更多的动力来爬坡或者对抗逆风，在踏板转圈的各个点调整脚的角度可以增加你的力量。坐在车座上爬山时低跟技术（low heel technique）很重要，一旦掌握了这项技术，你就会发现你的爬坡能力有所提高。

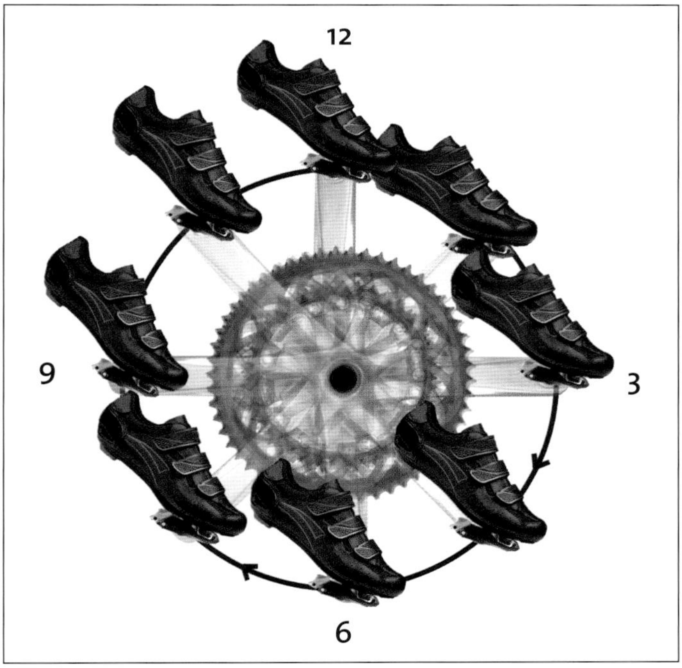


这张图说明的是在90转/分的平地骑行速度下的理想脚踝技术。请注意在3点钟位置到6点钟位置之间强力的“展开”动作和相比于爬坡技术，在蹬踏归位过程中需要更高的踝关节/脚后跟位置。脚趾应该更向下，当增加节奏时，这种效果会更明显。这是一种自动的趋势，所以不要试图强迫改变自然的踝关节运动。如果你试图改变蹬踏过程中的自然的脚后跟高度，可能会受伤。记住：在始终尊重你的自然能力的情况下，尝试在基本的蹬踏运动的范围内开发踝关节。

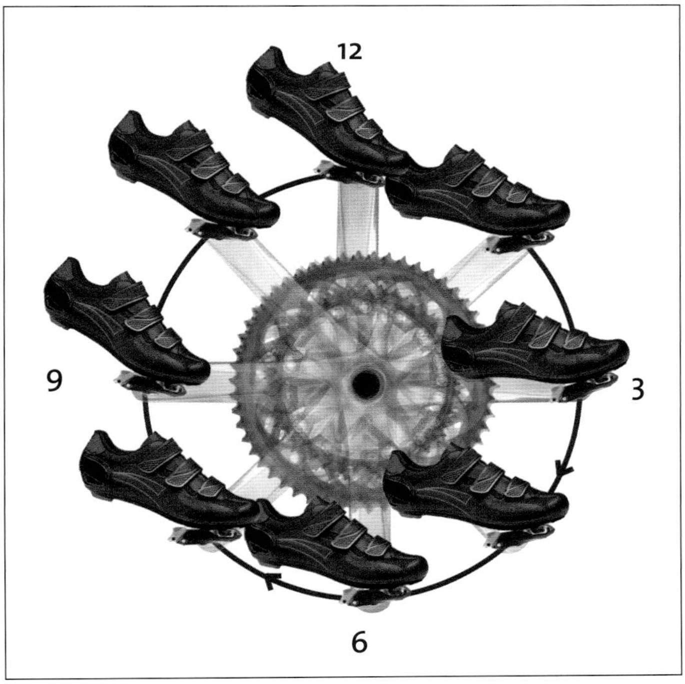


这张图说明60~90转/分是最理想的蹬踏上坡技术。踝关节的形态将从1点钟的水平脚趾位置变化到3点钟的脚后跟稍微往下降的位置。然后逐渐减少下降，直到你的踏板达到6点钟的最低位置，并且在踏板到达5点钟位置的时候脚趾回位。当踏板到达蹬踏过程的上升阶段（从6点钟位置到12点钟位置）时（还原阶段），脚趾应该微微向下，在8点钟位置，伴随着脚趾最大限度向下，脚后跟开始提升。

# 跟骑

**1** 跟骑可以节省你20%~30%的精力。紧紧聚在一起是有利的。

**2** 第一次在队伍里骑行时，应与别人保持舒适的距离。以50~70厘米的距离为宜。

**3** 关注整个队伍，而不仅仅是你面前的车手。

跟骑就是你骑在另一个车手或一群车手后面，以获得减少气流阻力的好处，这样你就可以减少做功，为之后的比赛节省体力。基本上和你独自骑行或在队伍前面骑行相比，跟骑在你前面的车手之后，你可以得到20%~30%的优势。如果你身处更大的车队，你获得的优势会更大。

要意识到一个骑行团队具有其独有的特征。与大多数团队的动力学不同，总的来说，团队越小，一个人的行为越不可能对整个群体产生影响。随着队伍越来越大，个体的行为对该队伍的影响也越来越大。因此，一个小团队中的一个错误可以被其他人通过小小的调整而轻易克服，但是在一个大的团队中同样的错误很可能会产生连锁反应，因为他们是很紧凑的，而且没有足够的空间来调整。因此，在更大的团队中犯错误会增加造成事故的风险。

为了在团队中舒适地骑行，可以先从一个小团队开始。在一组5人或6人的小团队中能很好地学习在车队里骑行所需的基本技术。开始与其他车手保持一段距离会让你感觉自在舒服。当你不熟悉如何在一个团队里骑行时，你要保持你的前轮距离你前面的车手的后轮50~70厘米。同样在开始时，你要和两边车手的肩膀之间也保持相同的距离，这只不过是再次使用了“舒适”规则。随着时间的推移，以及你的信心和技术的进步，这个距离可以变得越来越小。职业车手可以在高速骑行的同时与左右发生肩膀摩擦和几乎碰到前面车手的轮子，但这需要非常好的技能和多年的实践经验。

你需要学习的是，能够通过关注那些在你前面骑行的车手来衡量你和前面的车轮的距离。这和开车一样——你要通过向前看和观察你的周边来判断你车的位置，而不是只关注你前面的车。通过这种方式，你将认识到在车队里你的自行车与其他车手的位置关系。

你应该避免总是盯着面前的轮子，或者你自己的轮子，因为这很危险。你需要向前看！一个小窍门是：当你开始骑得较靠近另一个车手时，应该总是在你前面的人的车轮稍稍偏左边或右边骑行，而不是直接直线跟随。这样，你就有能力在另一个车手轻微动作时轻轻地移动到两边。大部队进入一个弯道，或者一个车手看起来想要离开大部队而改变位置时，你需要更多的空间去调整，这是极其重要的。

不管出于任何原因，你想退出车队，你需要知道你的移动会对车队产生影响。车队是流动的，不断向前移动，但是你需要在离开前慢慢地移动到一边。如果有足够的空间让你进入，你方向的改变就会让别人知道你的意图，或者用你的手或眼睛的小信号提醒你的同伴。

在比赛即将结束时，顶级车手不太可能让人轻易地改变位置（特别是在前段），因为他们都在为确保自己的位置而战斗。在这个阶段，车手们经常被迫使用手臂、肩膀和自行车的位置来争夺前方开放区域。这种推挤也发生在其他关键阶段，如陡峭的爬坡、鹅卵石的扇区或侧风的区域。在这样的阶段，车队很可能会被散成一条线，而车手们不想因此被留在后面，会需要消耗大量的体力来战斗。

如果有人突然刹车或减速，这些简单的技术将帮助你避免撞车事故。你越是练习这些技巧，你就越能轻松地感受到它的活力，你就越能节省必要的体力，从而有助于你提速。

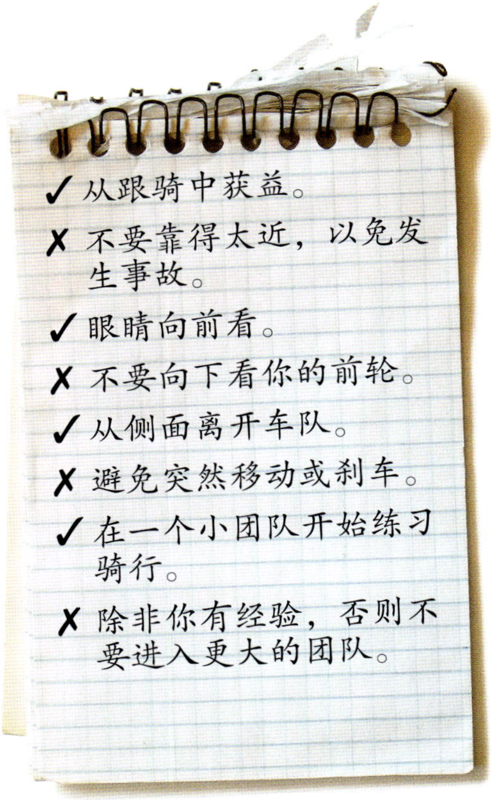

**4** 车队中将不断地有空位。继续进入，以保持你的位置。

**5** 调整自己的位置，使自己位于前面车手后轮的左边或者右边，而不是直接直线跟随。

**6** 了解赛道，并在赛道里的各个地方保持好的车队位置，这可能会迫使队伍拉长。

# 爬坡

**1** 把爬坡看作挑战，而不是问题，你的动力会得到提升。

**2** 当离开车座时，保持重心，使力量通过踏板向下推动，不要用力拉车把手。

**3** 在攀登最陡峭的山路之前，确保已经设置了所需要的齿轮。

大多数人认为爬坡是一个巨大的障碍，当他们抬头看时，他们的动力就会下降。但是爬坡是训练和比赛的组成部分，如果你想开始缩短比赛时间，你需要学会自信地拥抱它们。爬坡可能永远不会成为你骑行最喜欢的那部分，但如果你具备了良好的技术、心理素质和身体素质，你会发现爬坡没有什么可怕的。当爬坡成为挑战时，你的动力会大幅提升。随着时间的推移，你甚至会享受挑战。

在你接近山坡，到达最陡的坡度之前，要准备好你的装备。显然，如果爬坡从低坡度开始，你可以使用更高速的齿轮并随着坡度的增加逐渐调整齿轮。但是不要用大齿轮来应对攀登最陡峭的部分，这会导致蹬踏节奏停止。保持你的冲力并不断地转动你的腿。

当你在平地的时候，你必须在向爬坡过渡之前把齿轮调到最小的一环。在你前进并让链条掉落到较小的环上时，继续蹬踏，但要轻轻地减轻踏板上的压力，这样链条不会掉到内侧。如果你在一个陡峭的坡度上挣扎，缓解压力是非常困难的，因为链条下面的压力，你可能被迫需要维持现有状态，以便能够减轻足够的压力来使用正确的齿轮。这听起来像是初学者易犯的错误，但即使是专业人士有时也会发现自己长期面临这种困扰，那就是因为不良的变速习惯，而必须在静止站立的状态下开始爬坡。没有什么比爬坡之前必须先下车手动调整合适的齿轮更糟糕的了。

假设你已经成功进到山里，你必须在有坡度时从齿轮组件里选择适当的齿轮。骑行上坡时需要的是如何分配力量，而不是速度，所以在选择齿轮的时候要考虑清楚。在你的能力范围内达到攀登的顶点是很重要的，而不是试图强迫自己保持一个无法维持的速度。如果你以高速接近山丘，你显然不期望以这种高速保持到山顶，所以继续专注于你的力量，而不是速度。这将有助于你调整自己的步子。使用心率监视器或测量心率输出的装置有助于更精确地控制力量。

不要试图以高速的方式征服一座山丘，反而是在低速的齿轮下保持高速的蹬踏节奏更有效果。兰斯·阿姆斯特朗（Lance Armstrong）之所以成为环法自行车赛冠军的原因之一，就是他能在低速的齿轮下高速转动他的腿。

保持60~90转/分的理想速度和最大的运动效率取决于每个车手的能力和身体素质。低于60转/分，会显著增加施加到每一踏板行程的力（和能量），高于90转/分，会增加你的心率（并消耗你的力量），这些都是没有任何好处的。

爬坡的另一个重要事项是手在握把上的位置。一般来说，握把的顶部是用来上坡的，特别是如果你在一个小组前面或者独自一人骑行时，握着握把顶部上坡会迫使你自然而然地挺直身体，从而打开你的肺，以便呼吸更多的空气来爬坡。当你爬坡时，必须放松身体，稳定地呼吸，紧张会影响你的呼吸方式。

如果爬坡时在队伍的中间，那么把手放在变速器上，这样你就可以控制齿轮和刹车，以便于在队伍的速度或节奏变化时及时做出反应。把手放在变速器上的另一个好处是，当你决定离开车座时，手放在变速器上是最正确的位置。如果山体陡峭，轻轻地向左边或者右边移动车把将形成杠杆，传送更多的力量在踏板上。

避免向前倾斜，以保持你的力量通过踏板驱动自行车的轴心。骑行时离开座位会增加心率，给你更多的力量，但是要少用这个方式来冲刺陡峭的路段或短暂地改变肌肉的工作方式。

爬坡时，脚掌的位置也是一个重要的方面。对于大多数人来说，当踏板位置是水平的，脚掌也应该是平的，并且脚应该在整个蹬踏行程中都踩着踏板。不应该过分改变脚和胫骨之间的角度。有些人倾向于脚尖向下［就像自行车运动员雅克·安奎狄（Jacques Anquetil）］，有些人是脚后跟向下，脚趾向上［如埃迪·梅谢（Eddy Merckx）］，但对大多数人来说最好的姿势是平的。无论你的自然趋势或偏好如何，试着在踏板行程中保持同样的角度。

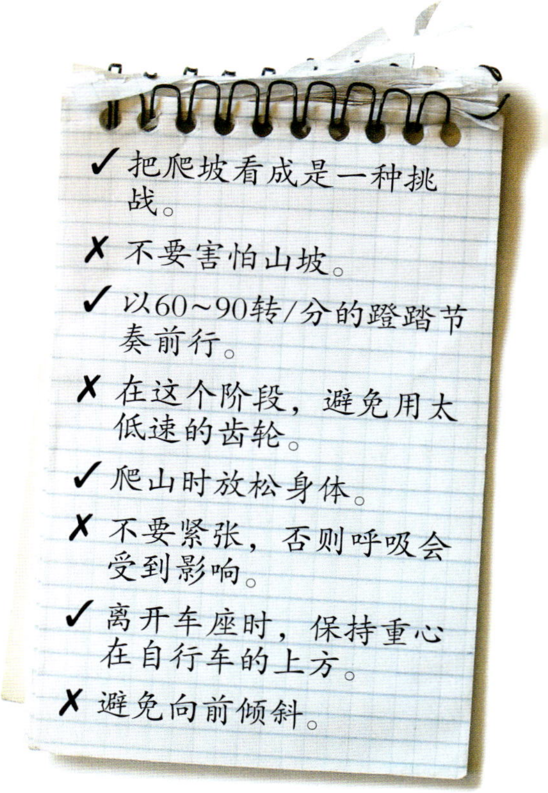

**4** 骑行时，把手放在变速器上，这样便于及时操纵自行车，如果需要的话可以快速刹车。

**5** 当周围有空间时，如在你领队时或者独自一人骑行时，可以把手放在握把的顶部。

**6** 爬坡的关键是控制好力量，而不是速度。不要保持在一个固定的速度上。

# 转弯

**1** 注意力集中在自行车上，保持重心。

**2** 当你进入转弯时，用靠内侧的手往前推进。

**3** 当你进入转弯时，向下踩压外侧踏板。

弯道转向不仅仅是车把转动的问题。这种技术在低速行驶时是很好的，但是当专业人士或高级车手谈到驾驶自行车时，他们会谈到另一种技术——反向推把/推胎（counter-steering）。

这是当你竭尽所能以更高的速度下坡转弯时或在车队里骑行很快时需要掌握的技术。在高速行驶时，你不能以此速度转向通过一个弯道，因为你的自行车会跳飞出去，你将无法稳住车子。

所以，当你增加骑行速度时，你必须使用反向推把/推胎的方法。我们以右转为例，当你开始接近一个转弯时，你需要把外侧踏板（左脚踏板）放下。然后用你的脚施加压力在外侧踏板上，用你内侧的手（右手）轻轻地向前推进。

这使得车把在相反的方向上转动非常轻微，也会使自行车产生必要的倾斜来启动转弯。尤其是在潮湿的天气条件下，当你强迫自行车转向时，要避免双手在车把上施加太多的压力，否则会使你滑倒。要相信这是个会让你顺利转弯的方法。

反向推把/推胎可以让自行车自然落位并进入正确的倾斜位置进行转弯。当你向外推动外侧踏板时，必须考虑你在鞍座上的重量和重心，重心应该是直线通过自行车的底部框架直到地面。专注于保持身体的重心非常重要。滑雪的人都能认识到这一技术，因为保持身体的重心与控制和保持平衡相类似。

当你接近一个拐角时，需要选择一条可以让你尽可能保持速度的路线。当你靠近拐角时，这条路线应该可以把你从弯道的外侧带出去，然后带到内侧顶点。当你离开拐角时，又重新摆动回到外面。

显然，当你在低速行驶时，如爬坡时，反向推把/推胎的方法是不适用的。

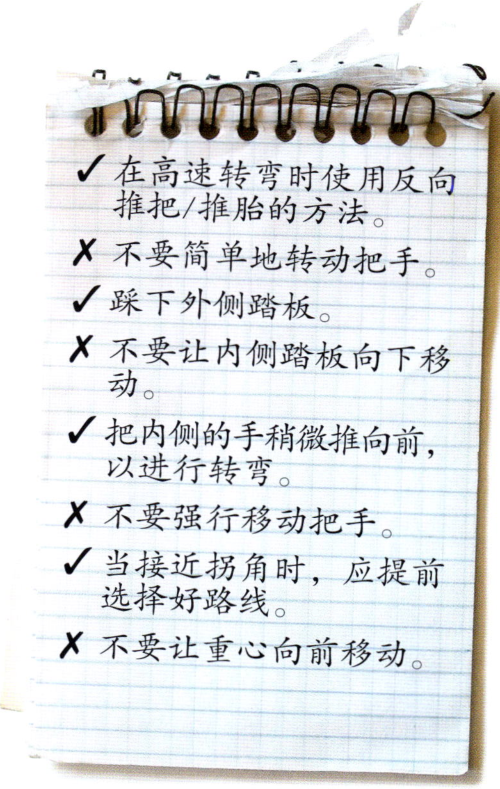

# 下坡

**1** 加快你的下坡速度，慢慢建立信心。

**2** 在下坡过程中，把手放在握把下方，如果前方有问题，你能快速做出反应。

**3** 采用流线型姿势，减少风阻。

你需要掌握两种下坡方式：直行和转弯。对直行来说，好的技巧很重要，但克服恐惧心理更重要。当然，这并不意味着要承担不适当的风险。

要慢慢建立信心，学会信任你的高速下坡技术。最快下坡的职业自行车运动员利用每毫米的道路来最大限度地提高速度把自己推向极点。虽然没有必要让你的下坡比赛也达到这样的极限，但是学会如何有效地利用速度是缩短比赛时间和提升比赛中你的位置的重要组成部分。

当在直线或在平缓的弯道下坡时，可以采用更流线型的姿势，以减少风阻并提高速度。这需要把背部、肩膀和头部降低到一个更水平的位置。这会使你的背部得到伸展，还需要你轻轻地坐回到座位上。

你可能看到一些专业的骑行者从握把的中心往下移动，以最大限度地减少风阻。这只是一些高级的骑行者的尝试（然而，这不是全部）。这样做对节省时间的作用是微乎其微的，并且如果你在前面的道路上遇到问题，如石头或坑，你的反应能力会降低。

保持手放在握把下方，这样手就靠近传动系统。当然，不要试图模仿疯狂的下坡者，他们弯下来把腹部与车座相平，眼睛盯着握把，好像他们在骑火箭一样！

当以高速下坡转弯时，几乎自动地需要使用反向推把/推胎的方法（参考第46~47页）。关键是要始终注意控制你的重心维持在自行车的中心。

因为在下坡时，你的重心会自然地向前倾斜，除非你集中精力让重心回来到中心位置，这一点很重要。在极端下坡的情况下，你可能看到专业骑行者拐弯时在车座上向后移动，这是他们确保重心的位置及提高刹车效果的方法。记住，下坡的陡峭程度和你进入一个弯道的速度决定了你将向前冲的距离，进而决定你得做出多少调整。

你应该知道，如果你骑得太快，你的后轮可能会开始滑动。渐渐地，随着经验的积累，你将学会如何通过调整保持重心。

制动进入弯道，因为施加在前轮上的力也会使身体向前倾斜，所以应集中精力在两个刹车上施加均匀的力。尤其是在潮湿的天气中，前刹车的压力太大会增加滑行的可能。

在进行一个急转弯之前，应尽早刹车，确保你能以一个不用再刹车的速度进入弯道。因为进入弯道时，你的轮胎与道路的接触减少，而你正弯下身子，因此在这个时候刹车更有可能使你滑出去。再者，慢慢地建立你的自信，因为你会逐渐学会采取正确的速度进入一个弯道而不需要刹车。

记住，尽管世界上没有完全相同的两个弯道，但你成功通过的弯道越多，你就能越快地适应它们，而且你就越有信心。下坡速度和下坡转弯是一个要反复试验的问题——尽力试验而不是试错，因为当你两个轮子以50千米/时的速度行驶时，出现错误可能是一个非常痛苦的经历。

最后，考虑在丘陵和山区环境中，会经常遇到较低的温度，所以可以在骑行时练习穿夹克——在即将下坡的时候穿上防风夹克，养成这个习惯。随着时间的推移，你可以非常熟练地穿上夹克（当下坡完成时，再脱掉夹克）。显然，如果气温飙升，你可以忽略这项练习！

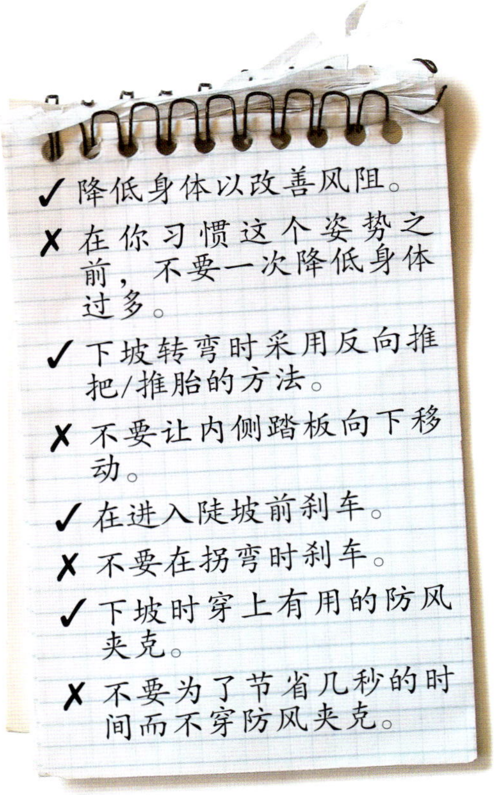

4 在下坡进弯道时要集中注意力保持重心，这样自然而然会使你前进。

5 在进入急转弯之前不要刹车。

6 在下坡时均匀地使用两个刹车，因为前面的刹车用力太大会增加滑行的机会。

# 阴雨天气

**1** 即使出门时天气很好，也要带上一件夹克式雨衣。

**2** 不要忘记你的双手、头和腿——戴上手套、头盔，腿部涂抹保温乳霜。

**3** 由于在潮湿的天气中，机动车视野受限，应穿着颜色鲜艳的衣服。

在雨天骑行和淋湿当然不是一个愉快的经历。即使是夏天这种比较炎热的天气，在雨中骑行也会使体温下降。如果你没有采取适当的措施来保暖，你会感到虚弱，你的表现将不可避免地大幅下降。

当身体开始变冷时，它的第一个防御机制是将血液流到躯干，远离四肢。在没有任何防范措施的雨天骑行，你将不得不接受无法避免的不舒服的“冷水淋浴”。

除了在炎热的夏天外出骑行，其他季节你都应该在运动衫口袋里携带一件轻便的夹克式雨衣。即使当你离开家时天气看着很好，仍然要带上夹克式雨衣，因为我们都知道，天气有时会说变就变，当你又湿又冷的时候，回家的旅程会很不愉快。然而，如果你穿着正确的装备，潮湿的一天只会是挑战而不是困难，即使是只在晴天里骑行的车手也会微笑着面对。

夹克式雨衣可能是在雨天骑行最重要的装备。请注意，有些重量轻的自行车外套不完全防水。在倾盆大雨中，水会被织物吸收，如果你的外套没有防水层，水就会渗透到里面。

最简单的夹克式雨衣是用透明塑料做的。这些雨衣能够非常有效地保暖，因为它们100%防水。然而，它们透气性不好。一旦开始运动，身上产生的水汽会导致雨衣里面潮湿。而运动越多，身体出汗越多，雨衣里面会越潮湿。因此，这种类型的雨衣仅适用于短程非剧烈运动时使用，如在不需要用力蹬踏踏板的情况下使用。

现代透气雨衣是雨中骑行的最佳选择。首先它们具有防水和防风的功能。其次它们可以让湿气从内部通过透气纤维散出，而不让水进来。因此，即使在长时间的潮湿天气下，这样的雨衣也能保持透气和防雨性能良好。在冬天光线经常会变得很暗，尤其是下雨的时候，因为雨降低了驾驶员的能见度，他们很难看清自行车运动员，所以最好穿一件颜色非常鲜艳的雨衣。

由于前文讲过身体变冷时，身体的第一个防御机制是将血液流到躯干，远离四肢和头部。因此，除了穿好你的夹克式雨衣外，还应该注意保持头部、脚和手的温暖。

天气潮湿又凉爽的时候，防水套鞋是必需的。它们用尼龙搭扣带或用后面的拉链与自行车鞋紧密贴合。除了保持双脚温暖和干燥，套鞋还有保持鞋子干净的作用。

然后必须考虑的是双手。骑行时双手相对是不活动的，因此在寒冷、多雨的天气中双手会变得失去知觉。冬季手套有防水外层和保温层，对于保护手免受风吹雨淋和寒冷至关重要。

眼镜是自行车装备的另一个重要元素。它可防止昆虫进入眼睛。在夏天和雨天，它有助于避免水和沙子从潮湿的道路喷溅入眼睛。这些是在车队中骑行时特别容易发生的事情。

最后同样重要的是，永远不要在没戴头盔的情况下骑行。雨天要在头盔下面戴一顶冬天戴的帽子来为头部保暖。

如果天气凉爽多雨，可以在腿上涂抹一层保温乳霜再开始一天的骑行。这种乳霜具有防水作用，除了保暖，还可加速血液流动，以增加肌肉组织供血量，促进更好的氧合作用，从而降低乳酸积累的风险。在使用了保温乳霜后，可以再涂一层凡士林，来获得更多保护。

在雨天骑行时要注意以下几点：

- 避免太靠近排水沟，因为玻璃和石头通常会堆积在那里。
- 将轮胎的压力降低到约0.7兆帕，以保证轮胎与路面有较大的接触面。
- 在转弯前降低车速。因为当制动器变湿时，制动时间会增加很多。练习制动以适应水的影响。在下坡时轻轻地刹车，以稍微降低自行车的速度，并使轮圈稍微变干。
- 当骑在斑马线、树叶和井盖上时，要小心，因为它们在潮湿时变得湿滑。避免在这些表面上急剧转向。
- 注意乡村泥泞小径和动物粪便。
- 请记住，机动车在潮湿天气中的控制较差，并且能见度较低。

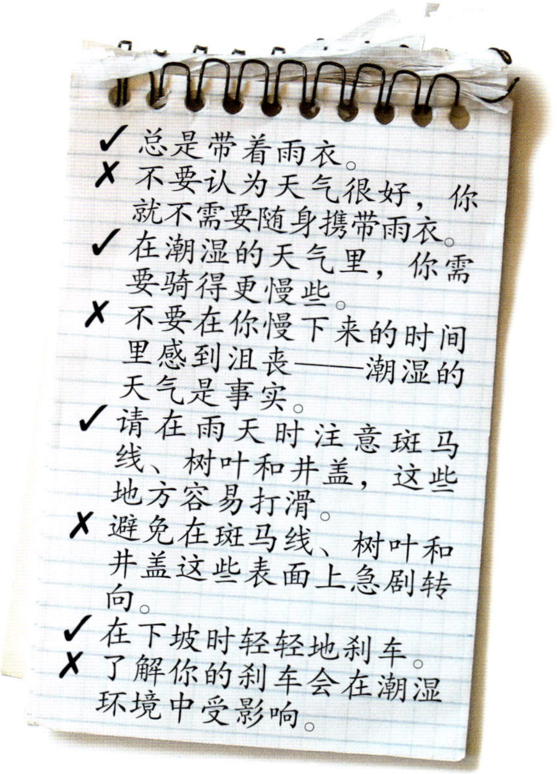

**4** 减少轮胎压力，以获得在路上更大的抓地力。

**5** 在潮湿的转弯处降低速度。不要试图保持在干燥天气时的速度。

**6** 在下坡时轻轻地刹车，以降低速度并帮助轮圈变干。

# 刮风天气

**1** 在横风时，与你前面的骑手成对角线，位于远离风一侧的后面。

**2** 风吹得越大，你就越需要向前移动，接近其他车手来遮蔽自己。

**3** 越是回到这条线上，你就越能从风阻中受益。

风有三种类型——逆风、顺风和横风。每种类型的风都会影响你的骑行方式，所以你总是需要考虑风向。许多骑行者认为强大的逆风是他们最大的敌人之一。这是事实，因此你必须学会处理它，并相应地去适应你的跟骑技术（参考第38~41页）。

询问专业自行车运动员最害怕的自然障碍，他们会提到“可怕”的横风。在横风中，精湛的跟骑技术尤为重要，因为如果不能通过跟骑另一个车手来避开侧风，你就不可避免地会掉队。也许你还记得环法自行车赛的一些阶段，在球场的平坦道路上进行一个赛程，车队分裂成几个小的队伍，每个队伍都是以一种三角形的形状形成一个有凝聚力的单元（或者称为一个梯队）。

梯队的形成发生在自行车运动员们遇到横风的情况下。这种跟骑技术允许自行车运动员们在他们的竞争对手试图利用横风来分裂队伍时确保在车队中合适的位置。为了不受风的影响，并获得跟骑的优势，你应该处于在你前面的车手一侧的斜对角后方远离风的位置。这意味着如果风从左边吹来，你必须跟骑在你前面人的右边。

风越刮越大，你必须在背风面上向前移动靠近前面的车手，以减少风的阻力。显然，带领队伍的车手受风的影响最大。下一个车手在背风侧，位于第一个车手斜对角后面，风阻较小。每下一个沿着这条线前进的车手都会获得更大的好处。

第一个车手设定骑速，但无法长时间维持这个位置，因为他需要时间恢复。因此，他将离开队伍，放慢速度，让第二个车手接管领先位置，同时开始斜向后方骑到其他车手后面，直到到达路的另一边。队伍将被分成一组车手创建领队线和一组车手创建恢复线，这样轮流的方式让每个车手交替获得机会到最前面领队和得到恢复体能的机会。

这意味着，如果风是从右边刮来的，那么整个骑行者的领队线行向右移，斜着向前移动到道路的迎风侧，同时在路的背风侧为刚刚离开领先位置并且现在正在斜向后方移动到领队线后面的车手留下一个空间，直到轮到他再次前进。可以轮流通过梯队的车手的总数取决于道路的宽度。一条宽阔的道路会给15名或更多的车手让出空间，一条狭窄的道路会导致通过梯队的车手只有不超过4名或5名。

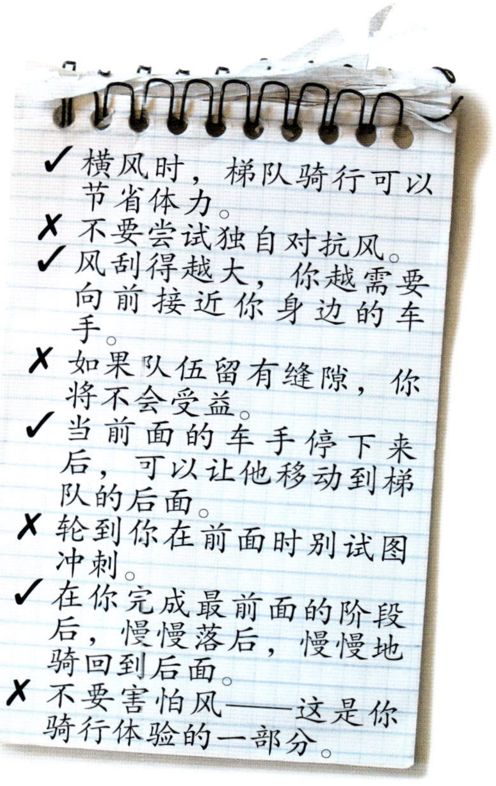

# 健康与训练

// 更快 // 更健康 // 更积极

# 基础知识

骑行是改善健康，减轻体重，缓解压力和增强心血管系统功能的好方法。一个有效的训练计划首先要对自己的目标有一个清晰的视角，并且应该根据经验水平、时间和个人生活方式来设计。所有这些方面都必须考虑到，以便使你对自己的计划感到放心。

你可能想知道肌肉是如何产生所需的能量去驱动自行车的。答案很简单：吸入氧气，肺会把它送到你的肌肉，在那里各种营养元素的燃料和氧气结合在一起，会使肌肉收缩产生力量。这样做一段时间，你会变得更强和更快。是的，这听起来不错，但到底发生了什么？

为了确保肌纤维细胞内化学能的传输，身体会从你吃的食物中产生一种叫作ATP（三磷酸腺苷）的分子作为燃料。没有ATP，肌肉就无法收缩，而身体中几乎所有的代谢功能都依赖ATP。身体在运动中以两种不同的方式产生ATP——有氧（空气）和无氧（不含空气）。无氧系统又分为两个不同的系统：即时无氧供能系统［或所谓的ATP/CP（磷酸肌酸）系统］和短期无氧供能系统。

氧气是你身体大部分ATP所需要的。当你骑得很容易，有足够的精力和朋友聊天时，大部分为你肌肉工作的ATP是通过有氧方式产生的。当你增加强度时，呼吸就变得较难控制，谈话也变得更加困难。此时，身体将不得不改变它产生能量的方式，而你的无氧能量系统将接管工作。

在高强度运动中，心血管系统无法向肌肉输送足够的氧气满足能量需求的时候，肌肉是有能力产生能量的。它将用较少的氧气来实现这一点，能量将以无氧的方式产生。无氧系统可以使你达到高速运动，但是会在肌肉里积累叫作乳酸的废物，乳酸会引起肌肉灼热感，迫使你放慢速度。骑行中的有氧供能系统是最重要的，因为它产生了维持日常训练所需的大部分能量。

有氧供能系统是耐力车手需要训练的最重要的系统，这是为了节省无氧和ATP/CP供能系统，以备不时之需。耐力骑手需要大量的慢速和中等强度的骑行训练。训练时间取决于比赛的长度，但一般来说，在慢速、中等强度和一些无氧阈强度下进行3~4小时的基本耐力训练，足以改善这一系统。

碳水化合物是你身体活动中首选的燃料来源。除此之外，脂肪也能提供能量。有氧训练提高了身体在无氧阈以下的强度调动脂肪作为能量来源的能力——身体学会了“脂肪高效”。这将提高你维持长距离骑行的能力。提高脂肪燃烧能力的最佳强度大约是最高心率的80%。

有氧供能系统具有以下特点：

1. 它通过糖原、碳水化合物、脂肪和蛋白质的合成向细胞提供燃料（葡萄糖）。
2. 合成是在氧气存在的情况下进行的，副产品是二氧化碳和水。

3.乳酸的产生限制在最大血乳酸水平4毫摩尔/升内。
4.只要身体有充足的水分和营养，能量可以不断产生，工作负荷保持在足够低的水平，有氧系统仍然是主要的能源提供者。

**即时无氧供能系统（ATP/CP）**

当你的身体通过ATP/CP系统产生能量时，不需要氧气来产生能量，它可以提供最多6~8秒的能量。其中最常见的一种情况是短跑。短跑运动员需要爆发力，因此必须优化这种能量系统。过多的有氧训练会削弱这种爆发性，因为它会降低我们能量的峰值功率和快速收缩肌肉纤维的能力。

ATP/CP系统具有以下特点：
1.该系统有能力为身体必须在短时间内完成大量工作时提供短暂而强烈的能量。
2.糖酵解（葡萄糖和其他糖在无氧的情况下的代谢分解）没有参与，因此这一过程不是分解。
3. ATP/CP系统可以，也应该通过持续的最大间隔和较长的恢复时间来训练，以补充ATP/CP的储存。
4. ATP供应的恢复需要24~48小时。

**短期无氧供能系统**

如同即时无氧供能系统一样，短期无氧供能系统也能产生高能量。然而，它更持久，可以提供高达90秒的能量。一旦有氧系统不能再为细胞提供足够的氧气，糖原转化为葡萄糖，再转化为ATP的过程就会缩短，而且要为此付出昂贵的代价。

糖原被迅速消耗殆尽，机体就会明显增加乳酸的产量。然而，这个系统是可以训练的，可以增强肌肉的能力，去适应这个过程和更有效地吸收乳酸。完成超过无氧阈的间歇训练可以微调这个系统。通过做这些高强度的训练，对身体的刺激足以激发乳酸耐受力提高。但不要过分做，因为在无氧阈上继续训练会导致分解代谢废物和损伤肌肉细胞。

无氧供能系统具有以下特点：
1.当氧气不足时，它能够为细胞提供燃料。
2.它可以使训练有素的骑行者保持高负荷工作1~1.5小时。
3.它能比有氧系统更快地回应高负荷工作，因此，注重耐力训练的骑手不必花费大量的训练时间来改善这种供能系统。
4.由于缺乏氧气，糖酵解就会发生，如果过程持续太长时间，会分解（破坏）肌肉细胞。过度的无氧训练会破坏有氧供能系统。
5.燃料资源消耗得很快，身体不能快速合成脂肪和蛋白质来供应这个系统，所以必须使用糖原和碳水化合物。

# 无氧阈

无氧阈是运动时血液内乳酸开始堆积时的临界训练强度点。等于或低于无氧阈的骑行，可以使你在长距离爬坡、加速及计时赛中保持自己的节奏。

无氧阈一般出现在要“更卖力”骑行的时候，那个时候肌肉收缩需要更多的能量，主要供能依然是有氧代谢提供，同时无氧代谢系统开始激活提供能量。

一旦超过无氧阈，肌肉产生的大量乳酸就开始堆积。在最大心率80%~90%或者80%~ 90%无氧输出功率的强度骑行时会发生这种情况。

在这个强度区间的训练可以提高速度，可以在乳酸堆积产生灼热感降低速度之前维持速度。如果你在乳酸阈值时的踏频高于对手，那你的速度就更快，就会获胜。

**乳酸阈值测试**

乳酸阈值测试可以用来监测正确的训练强度，评估训练效果，可通过测量指尖或者耳尖的血液内的乳酸含量获取。

有很多方法进行这个测试，这里只讲一种较常用的方法。首先，热身20分钟，室内健身或者简单的力量训练，每4分钟为一个阶段，第一个4分钟之后，每隔4分钟增加运动输出30瓦，并在每个阶段的最后一分钟测量心率及血液乳酸含量。

自行车运动员一般会在6~9个阶段后达到最大运动输出。有时这个测试会在血液乳酸出现显著增高后停止，这个显著提高的点就是乳酸阈值，或者无氧阈。当超过无氧阈之后，随后每一阶段血液内乳酸含量都超过前一阶段至少1毫摩尔/升以上。重复这些测试，可以监测训练情况，例如，在无氧阈时提高功率和（或）速度，在更高的功率（或速度）/体重比率下提高代谢效率。

**无氧阈测试**

无氧阈测试是评估最大功率与无氧阈比率的测试。测试中记录在不断提高功率输出过程中心率突然增高的点，此时心率接近无氧阈时的心率。在以心率为横坐标，输出/速度为纵坐标的图表中，突然转折的点即是无氧阈。

**实地操作测试**

如果不能在检测中心完成这项测试，可以通过其他测试来完成。首先需要一个心率表，然后在平地或者6~8度的上坡路段完成5~10公里的骑行。在开始测试前先进行热身，然后以最快的速度完成这段距离，在此期间不要减速。

这个过程中会记录你的平均心率及最大心率（用功率计也可以记录功率）。一般情况下，自行车运动员完成这段距离达到的功率及心率，会超过自身无氧做功阈值和无氧心率阈值的5%~ 7%。

# 抗阻训练

自行车运动起先主要依靠有氧代谢供能，是一项耐力运动，但是力量与爆发力也非常重要。抗阻训练（也叫力量训练）就是短时间提高运动强度，强化无氧运动的重要方法之一。

爬陡坡、持续加速，以及最后冲刺都是自行车运动员必需的，要增强力量与爆发力就要由无氧系统供能。因此，抗阻训练在任何运动训练中都是重要部分。运动生理学研究表明，抗阻训练一段时间后，自行车运动员腿部力量明显增强，疲劳感减少。

腿部力量增强的同时，氧气的消耗量并没有增高，说明有氧做功效率提高。力量增强的同时也减少了受伤的风险。抗阻训练也是受伤后康复训练的重要部分，所以耐力训练及抗阻训练都是必不可少的，但自行车上的骑行依然是自行车运动员最重要的训练。健身房及自行车上的不同时间、不同强度的训练都要交叉贯穿整个训练过程。

### 设计自己的抗阻训练方案

抗阻训练对自行车运动是一种辅助性训练，可以使运动得到更好效果。抗阻训练的方案需要个性化、动态调节、有组织，并且是能接受的。每件事的开始都要有合适的方案，所以在长期的训练方案中，需要制订周期，根据训练周期，逐渐提高抗阻训练方案的难度（参考第134~155页）。

### 健身房的抗阻训练

开始运动之前，用一级强度的运动热身15~20分钟（参考第142页），可以运用固定的单车或者健身器材完成。在低强度的训练阶段，可以骑行5~10分钟，保持踏频动作的灵敏和流畅，完成每次训练之后，再进行10分钟左右的放松，在二级强度的训练中（参考第142页），心率会有波动。在抗阻训练前后增加拉伸活动也是非常好的。另外，运动中一定要穿合适的运动鞋，以免运动时因不稳定而受伤。

### 最大肌力

完成一次某个特定动作所能负荷的最大重量叫最大肌力（1RM）。这个测试需要在专业教练的指导下完成。

### 过渡阶段

过渡阶段前期是抗阻训练的开始部分，目的是使肌肉做好准备，接受抗阻训练。开始时，训练要在低强度下进行，主要运用身体重量，再附加一部分器械的重量。不要过早进行大负重训练，这会使肌肉紧张。

### 功能阶段

在功能阶段，耐力训练的比重相对较低，这时要着重抗阻训练。这种训练每周要在健身房完成3次，目的是为了增大肌肉体积（肌肉体积的增大是由肌肉细胞变大造成的）。增加强度的同时，要减少重复的次数。这样才能使肌肉体积变大更明显，为下一阶段做准备。

### 准备阶段/基础相

在准备阶段主要是通过特定的动作练习增强单个肌肉的强度。负重增大时，相应动作重复的次数就要减少。这个阶段着重在肌肉群的运动，要更加注意其中薄弱的肌肉群。

### 强化阶段/爆发相

正如这个阶段的名字所描述的，这个阶段要增强骑行的爆发力。爆发力增强会使你完成更多内容。例如，冲刺得更快，频率转换更加轻松，在高频率的情况下更容易完成突破。这个阶段需要减少负重，加大训练频次。

### 竞赛阶段/肌肉耐力

这是一段训练的巅峰时期。在这个阶段的第一个月，继续每周两次的抗阻训练。增加自行车上特定动作的训练次数，使肌肉耐力增强。

一般来讲，在赛前两周要停止力量训练，因为大腿的肌肉需要2~3周时间由负重训练中的慢速调整到适合比赛的运动速度。在巅峰状态以后，依然要强调耐力和节奏，但同时可以逐渐增加抗阻训练来维持肌肉强度。

这会明显增强下肢蹬车的速度，并且不减少肌肉含量。在比赛前可以继续上肢的训练，但是核心的训练要在赛前1周停止，以使身体可以充分为比赛储备能量。

### 爬坡间隔训练

爬坡间隔训练是自行车运动中的一种抗阻训练，可通过这个训练增强特定肌群的肌肉力量，增加踏频。一般情况下，以50转/分的踏频爬坡，同时要保持流畅的蹬踏动作。这个训练会加强每一次在踏板最高点的发力。

如果没有机会在户外进行爬坡骑行，通过测力计或者在室内训练也是一个折中的选择。肌肉的爆发力和耐力都会得到显著的提高。肌肉耐力的训练需要保持在踏频50~60转/分的节奏强度。这时大腿会有一些灼热感和疲劳感，但与在用最大力量爬坡时缺氧造成乳酸堆积的灼热感和疲劳感并不一样。这个训练永远不要超过无氧阈，这样在真正的骑行过程中才会有增加负重的空间。

# 速度与力量的训练

一旦达到了基础训练要求，就要开始冲刺训练。确保你关注了正在准备要完成的是怎么样的比赛，并根据你的比赛调整冲刺训练。根据比赛日期及你的赛季目标，冲刺训练可以贯穿整个赛季。越临近目标赛事，越要减少速度训练的频次和强度。

## 爬坡冲刺

在5~10度的缓坡进行爬坡冲刺，用15秒全力冲刺到达顶点，这会提高无氧能力及冲上顶点的推进力。但这会给肌肉韧带带来巨大的压力，所以在开始之前要进行至少半小时的热身。

开始冲刺练习时，先要慢慢地热身，当就座之后马上改变状态，几乎是从静止状态一下子进入全力冲刺状态并到达峰值。新手及年轻的自行车选手最好不要用大轮组，最理想的轮组是相对小一点的42-16-15。有经验的自行车选手为追求更好的效果可以采用大轮组。世界知名的自行车选手达维德・雷贝林（Davide Rebellin）在13~14度上坡中使用的轮组为53-15。

在每一个爬坡冲刺训练后用较轻的轮组进行2分钟的肌肉放松。在基础阶段，慢慢地开始，每次训练后这个训练的重复次数不超过5~6次，逐渐增加训练频次，直到在备赛阶段末期达到15~18次。

## 平地冲刺

用前大轮—后小轮的方式以20千米/时的速度开始，然后屁股离开座位，着力在踏板上。不要变速，用肌肉给自行车加速来对抗阻力，坚持这个过程15~20秒。两次重复训练之间要确保休息至完全恢复，至少5分钟。每次骑行中完成3~12次这种冲刺练习，每周训练两次，持续2~3周。

## 座椅上的摆动

一旦完成了全力冲刺过程，就要利用车座上的上下摆动，保持冲刺的速度，这种训练是为了模仿在比赛最后的数公里你可能会体验的感觉，并最好是在顺风的时候去做这个训练。开始的时候采用大轮，使屁股离开车座，迅速加速，速度达到30千米/时，坐回车座上，这时冲刺的强度会有一点减弱，随后再使屁股离开座位，发动最后冲刺。每一次起立、坐下保持5~7秒，重复3~5次这样的冲刺，每次之间休息15~20秒，这种练习可以提高长距离中不停加速的能力。

## 下坡冲刺

碰到下坡的时候，开始冲刺20秒（在直道上），坐在车座上，以最快速度蹬踏板。在长距离骑行中重复这个训练5~6次就足够了。这个训练可以增强蹬踏板肌群之间的合作，尤其是股四头肌与腘绳肌。

比较好的结果是，用最低的能量消耗换来最大的蹬踏板效率，达到最大的功率输出。当你没有取得领先优势或者缩短与其他车手距离的时候，这是训练高速冲刺的最好的办法之一。这项训练适合安排在健身房训练后的一天，因为那时候灵活性已经恢复了。

# 过度训练和超负荷训练

感受疲劳是非常重要的，它会让你知道自己正在接近生理极限。训练的目的是为了提升骑行表现，同时身体在受到压力的情况下会对此做出积极的反应。然而，过度或不正确地刺激身体，也会带来不良影响。

**疲劳程度**

1.第一级疲劳是低血糖——血糖水平偏低。身体耗尽了糖原储备，又没有摄入足够的碳水化合物，仍然继续骑行，就会出现低血糖。
2.训练后的疲劳感是几小时剧烈运动的自然反应，这说明身体临近正常的训练极限。
3.更加疲劳是身体超负荷状态的表现，是在高负荷训练后出现的短期状态下降。疲劳是最常见的症状。足够的恢复时间会让身体变得更快、更强。同时，这也是身体发出的一个警告。
4.过度训练会让人感到衰弱及长期感到疲劳（通常持续数周，有时甚至几个月），会使运动表现明显下降。

**如何预防过度训练**

自行车运动员是过度训练造成疲惫的常见群体之一。自行车运动员没有必要在有危险的情况下完成过量的训练。事实上，很多新手可以以相对轻的负荷完成周期训练。骑行的同时，也需要在生活的许多方面进行调整。对于专业车手来讲，恢复周可以完成一次80公里的骑行；但对于其他人而言，也许一次30公里的骑行就会造成过度训练。

过度训练最常见的原因有训练负荷过大、恢复周期不足、饮食不良（碳水化合物或其他营养元素的摄入量不足）、旅行因素和训练中缺乏多样性。

所以，如何避免过度训练呢？训练和休息要达到长期（大周期/中周期）和短期（微周期）的平衡（参考第139页）。对于耐力运动，推荐的是中周期训练（高强度）。最长周期是3周，第4周起，训练强度就应该减少，休息天数要增加。这样安排的目的是为了让身体完全恢复。很多训练方案中，每周都有1~2天的休息时间或者简单运动，这都是为了使身体得到恢复。

超负荷训练是自行车训练过程中常见的问题，一般经过几天的休息，可以恢复状态。如果休息几天后，仍然觉得很累，说明高强度的训练过度了（激活了无氧代谢系统），这时需要的是，保持最大心率70%的有氧运动。

持续的无氧阶段训练会导致过度训练，会使你虚弱几周。单一的训练模式或者同一强度的训练也有过度训练的风险。安排训练项目的要点是把训练量控制在偶尔超负荷但又不会完全过度训练之间。每个人都有自己的挑战范围。

# 拉伸动作

拉伸在预防损伤和提高整体运动成绩中至关重要，但许多运动员往往忽视以及忽略它，因为它是“柔韧”部分的训练项目。在训练中，拉伸训练与大负重训练或者高强度训练是一样重要的。不要因为想投入更多的时间去努力练习，而错过拉伸训练，这是巨大的错误。

在常规训练后，某些肌肉会缩短。为了维持整个身体肌肉的平衡，就不要跳过有助于维持肌肉形态的拉伸活动。拉伸活动不仅在开始训练之前起着重要作用，也为接下来的运动做准备。

在一次艰苦的训练或比赛之后，坚持拉伸是很难做到的，但是一般来说，运动员在一次繁重的训练之后应该花比训练前更长的时间来做拉伸。通常，最好是在锻炼结束做拉伸活动，拉伸刚刚锻炼过的肌肉，每次至少1分钟。这有助于预防训练或比赛中身体肌肉的短缩和肌肉的不平衡。

如果已经做了一组蹲起运动，那就要拉伸一下股四头肌、腘绳肌、臀肌、小腿肌和腰背部肌肉。这只是基础的拉伸。当运动强度增大时，最好利用休息日做更深层次和更长时间的拉伸。许多人忽视了这方面的训练。我们很多人都想休息一天就只是休息一天。但是我们应该养成做拉伸活动的好习惯，拉伸努力训练的肌肉。训练间歇也可以适当拉伸。

更深层次的拉伸可以提高身体的柔韧性和平衡度，推荐参加瑜伽或拉伸课程来完成这一部分。拉伸对运动状态有很大影响。要认真对待它，不要认为这是在严格训练前无所谓的事情，这是严格训练的一部分。

在比赛或训练前，压力会增加，所以在拉伸前，要注意呼吸。通过鼻子做几次深呼吸，或者用腹部做一组深呼吸（腹式呼吸）。在运动中，尤其是在高水平的运动中，小细节会产生重大的影响。这就是为什么即使只缓解一点点压力也可以促进能量的释放，即使只是几秒钟也能有助于保持专注和放松。

在接下来的几页中，是一些主要的拉伸动作。可以在训练或比赛前后使用，但也不要忽视在休息日进行拉伸。还有，虽然可以针对训练的肌肉做拉伸，但是不能只拉伸这部分肌肉，要拉伸尽可能多的肌肉来保持整体平衡。

# 拉伸——坐姿扭转

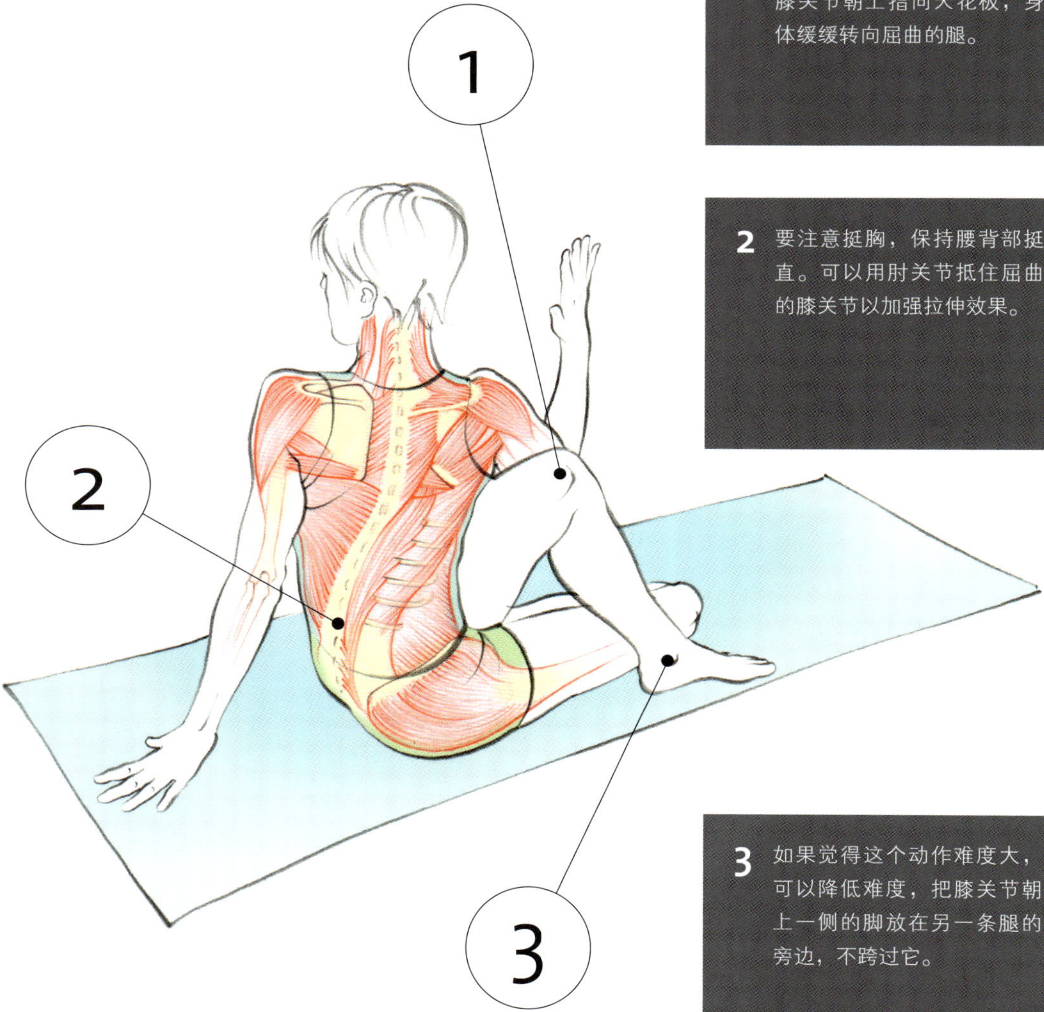


**1** 坐位，一条腿放在体前，另一条腿屈膝跨过体前的腿，膝关节朝上指向天花板，身体缓缓转向屈曲的腿。

**2** 要注意挺胸，保持腰背部挺直。可以用肘关节抵住屈曲的膝关节以加强拉伸效果。

**3** 如果觉得这个动作难度大，可以降低难度，把膝关节朝上一侧的脚放在另一条腿的旁边，不跨过它。

**拉伸的肌肉：** 肩关节和背部肌肉。

# 拉伸——前屈

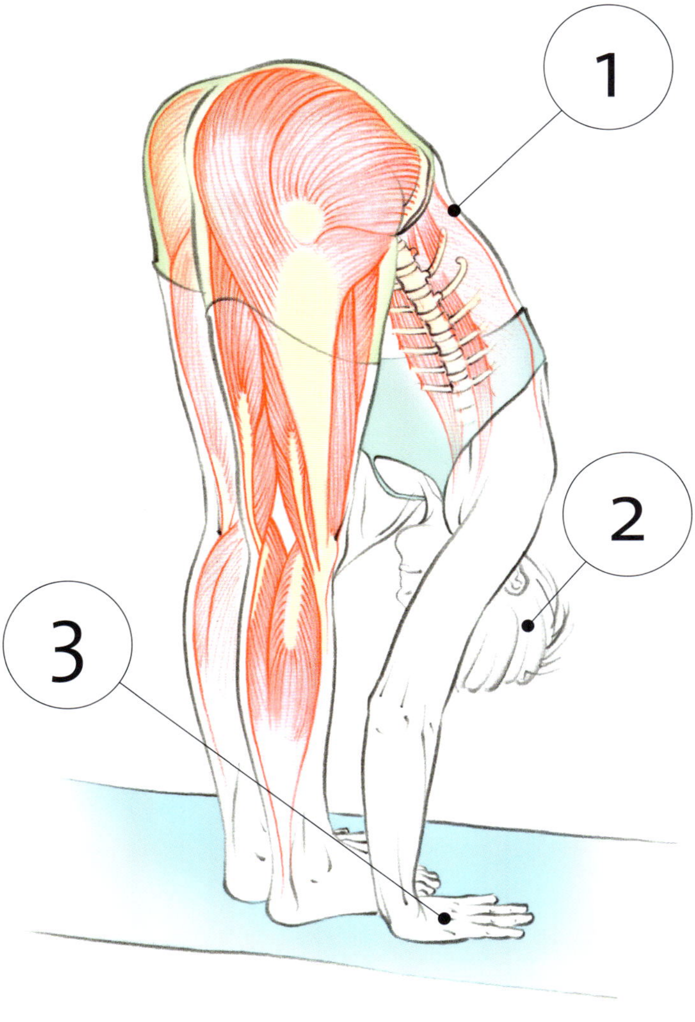


**1** 开始时站立，两脚稍分开，尽量用下颌去贴胸骨，然后向下弯腰。做到最大程度即可，不用担心手不能触及地面。

**2** 眼睛看向膝盖，依靠头的重量继续向下，但不要过度拉伸。

**3** 如果手可以触及地面，试着把手掌放在地面上。如果拉伸感过于强烈，可微微地弯曲膝盖。

**拉伸的肌肉：** 背部肌肉、臀部肌肉、下肢后侧肌肉。

# 拉伸——小腿肌

**1** 双手推墙，两腿前后站立，保持后腿伸直，前腿弯曲，后腿脚跟尽量踩向地面。

**2** 身体的重量向前压，保持小腿后侧有拉伸感。

**3** 为了锻炼小腿后部稍短的肌肉，后腿可以轻度屈膝，同时脚跟向下踩地。

**拉伸的肌肉：** 小腿肌。

# 拉伸——坐位内收肌

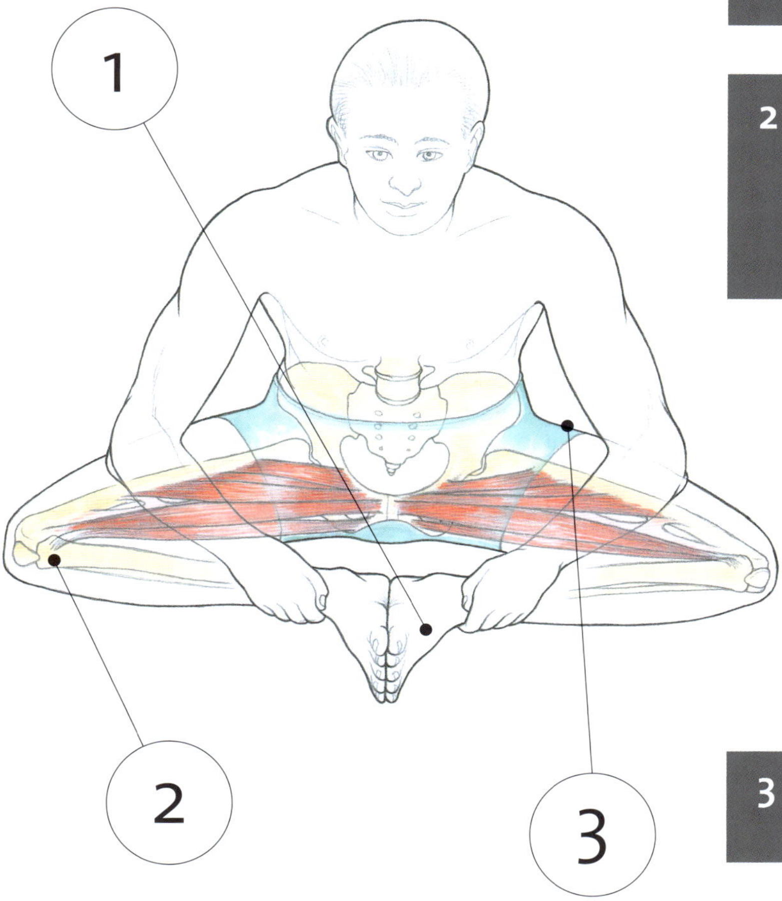


**1** 坐位，两脚掌相对，双腿向两侧打开。吸气，坐直，紧握脚踝，背部向下挤压，膝关节尽量压向地面。

**2** 保持膝关节最贴近地面的姿势30秒，然后放松10秒。重复这个练习。每次增加一点拉伸幅度，并保持30秒。

**3** 这是很好的打开髋关节的拉伸动作。

**拉伸的肌肉：** 大腿内收肌。

# 交叉训练

// 更强壮 // 更坚韧 // 更有力

# 基础知识

如果为了某一项特殊的运动进行训练，那么毫无疑问，针对这项运动提高成绩和表现的最好方法，就是多练习。如果想成为自行车运动员，就要骑行，骑行，再骑行。

**那么，为什么要进行交叉训练？**
交叉训练有四个目的：强化特定的一块或者一组较弱的肌肉，预防损伤，提高运动积极性，以及维持肌力与体能。

无论是哪个项目的运动员，大多数教练员都会在训练安排中加入力量训练。当然项目不同、比赛的距离不同、目标不同，力量训练的方法也不同。

一般，短距离项目需要更多爆发力和力量，这可以通过负重训练获得。对于耐力项目而言，建议力量训练与大量的骑行训练间隔久一点。例如，要在6个月内参加一场比赛，可以在开始的6~8周，采用高负重低频次（重复8~12次）的训练模式；然后，减轻负重，增加重复频次（最多重复15次），训练2周；在这之后，结束负重训练，专注于骑行训练。

然而，一切都取决于目标具有多大的挑战性。在上述训练计划之后，依然可以继续力量训练，但要记住，力量训练会使肌肉疲劳，影响整个训练计划。如果不想完全放弃交叉训练，可以用核心训练和拉伸训练来替代力量训练。总之，力量训练会让你在骑行路上有更优异的表现，但是不要过度训练，时刻谨记训练的目标。

**确定并强化运动链中的弱点**
交叉训练的一个好处就是，可以有针对性地加强骑行中身体的薄弱环节。只要骑行中发现了薄弱肌群，无论是加强腿部力量，或是维持身体平衡，不管哪个方面有弱点，都可以在健身房进行特定部位肌群的锻炼。例如，如果弱点在腘绳肌（腿的后侧）和臀肌，可以通过深蹲（参考第86页）和腘绳肌弯举（参考第88页）来增强这些肌肉的力量。在随后的骑行中你会明显感受到训练前后的差别。

然而，要牢记的是，乳酸堆积是造成身体疼痛的主要原因，缓解这种疼痛的最好方法就是骑行，保持这些肌肉持续在运动。

**预防损伤**
针对运动项目进行特定训练的主要目的就是预防损伤。伤病能摧毁数月努力训练的成果，对一些业余爱好者而言，甚至会摧毁他们的运动梦想，也会让日常生活非常不适。那些运动导致背痛的人，每天还要在办公室工作8小时，问问他们的感受就知道了。

过度增加训练量会让身体感到不适，因为肌肉承受的强度比以往高了很多。例如，如果腘绳肌非常强壮，而相对应的股四头肌很弱的话，这就可能造成骨盆的倾斜，从而造成背痛。

正是因为这些原因，力量训练的大纲中（参考第105~107页）列出的训练，不光是针对骑行肌肉的训练，还有一些是维持身体肌肉平衡的练习。在核心训练中，还有一些普拉提的训练。

本书把这些训练都稍微进行了简化，如果能参加专门的普拉提或者瑜伽课程，可以更好地增强核心力量，保持身体肌群的平衡及张力。这些训练的另一个好处就是减少了受伤的风险，这些低强度的训练在休息日都可以进行。

拉伸运动在预防损伤中也起着举足轻重的作用，不能忽视（参考第75~79页）。

**积极性**

在积极的备赛阶段，需要一些常规训练外的调剂。每周一次的不同方式的训练，会使精神和身体都焕然一新。在抗阻训练中加入一些基础的目标也能够保持训练的积极性。例如，可以设定在两个月内抗阻训练的负重增加到一定的量。

值得注意的是，要根据自身情况设定合理的目标，如果已经达到了比较高的负重水平，那么再提升的空间就比较小，所以一定要按实际情况设置目标。

**常规训练**

很多人骑行的初衷是保持身体健康，当然这也是骑行的好处之一。然而针对某项运动的专业训练，就只适合这项运动。有一些训练部分是可以在各项目中交叉运用的，但是想要身体更健康、获得更好的成绩就一定还需要些特别的训练。不同距离的跑步运动员就是一个很好的例子，一个优秀的百米运动员很难在马拉松比赛中取得好成绩，反之亦然。所以如果是以保持健康为目的的骑行，那就不要忽略交叉训练。

# 腿部——深蹲

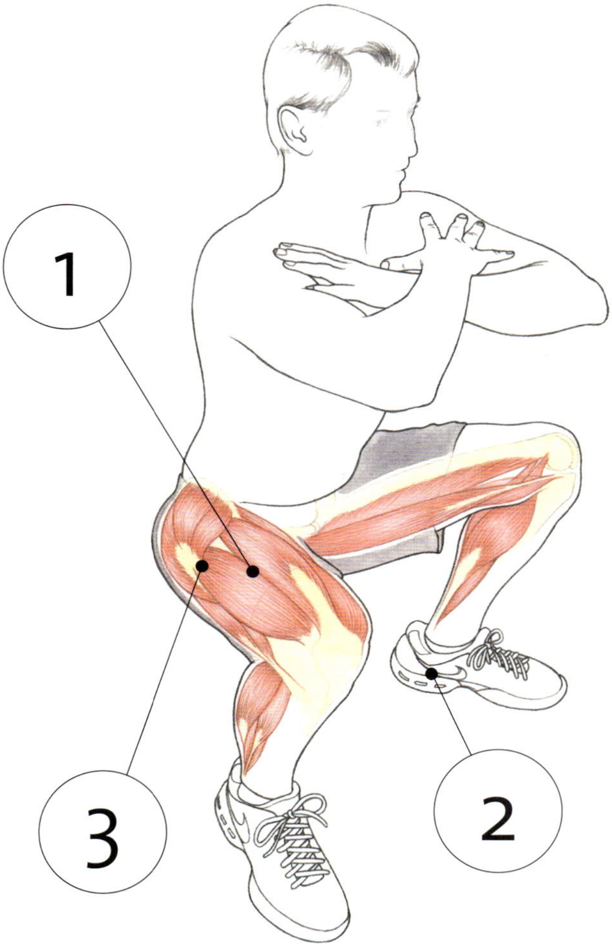


**1** 保持膝关节放松，渐渐收紧腹肌和臀肌。向后坐，像坐在一把椅子上，直到大腿与地面平行。起身回到起始位置。

**2** 重心在脚跟上，这样能够最大限度地刺激臀肌和腘绳肌。尽量保持背部挺直，膝关节在足中趾上方。

**3** 觉得疲惫时，将注意力集中在腹肌和臀肌的收缩上，这样可以保护腰背部。调整呼吸，起身时呼气。

### 使用到的肌肉

主要肌肉：股四头肌、臀肌、腘绳肌、腰背部肌肉（竖脊肌）。

次要肌肉：小腿肌。

### 此训练如何提升骑行表现?

增强股四头肌与小腿肌力量，可提高爬坡的能力。

# 腿部——箭步蹲

**1** 双脚分开与髋同宽，膝关节放松，身体挺直，然后向后跨一大步，保持脚后跟离开地面。屈膝，使后腿膝关节下降，前腿膝关节与足中趾成一条直线。

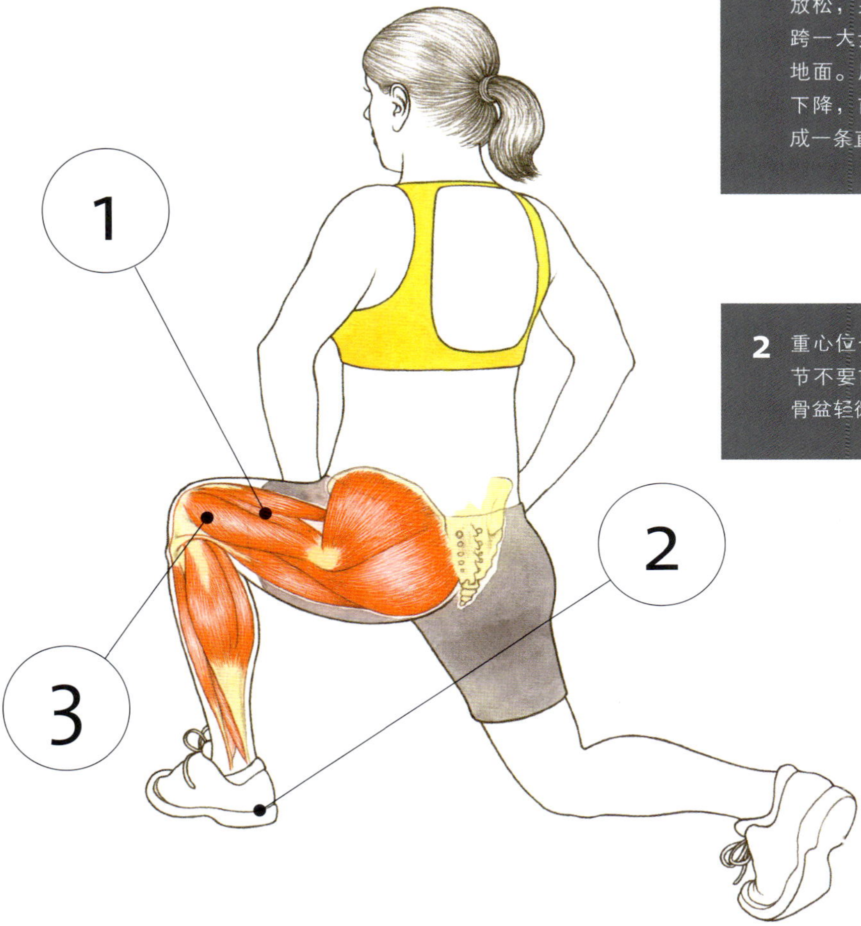


**2** 重心位于前脚跟，前腿膝关节不要前移超过脚尖。保持骨盆轻微卷起。

**使用到的肌肉**

主要肌肉：股四头肌、臀肌、腘绳肌、小腿肌。

**此训练如何提升骑行表现?**

增强腿部肌肉力量，增加肌肉的有氧代谢能力和持久性，可以更快速地骑行而且不容易疲劳。

**3** 箭步蹲的感觉是直上直下的，没有向前的移动，这样作用力才会在前腿膝关节上。

# 腿部——腘绳肌弯举

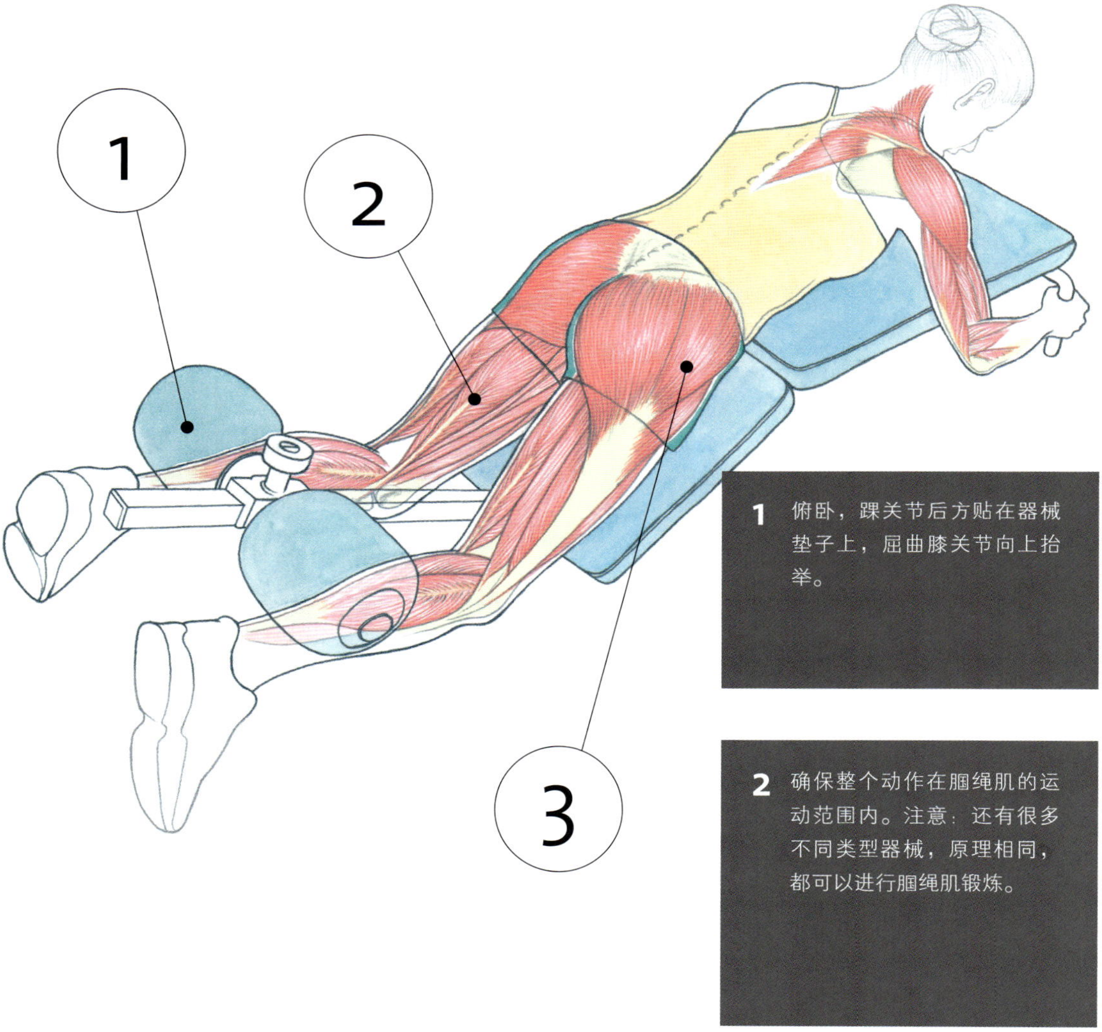


**1** 俯卧，踝关节后方贴在器械垫子上，屈曲膝关节向上抬举。

**2** 确保整个动作在腘绳肌的运动范围内。注意：还有很多不同类型器械，原理相同，都可以进行腘绳肌锻炼。

**3** 避免髋关节上下活动。收腹，保持髋关节稳定，也避免背部受伤。

### 使用到的肌肉

主要肌肉：腘绳肌、臀肌。

### 此训练如何提升骑行表现?

腘绳肌的作用是使臀部后伸，屈膝，这个训练对于保持流畅的踩踏板动作是非常重要的。

# 腿部——上台阶

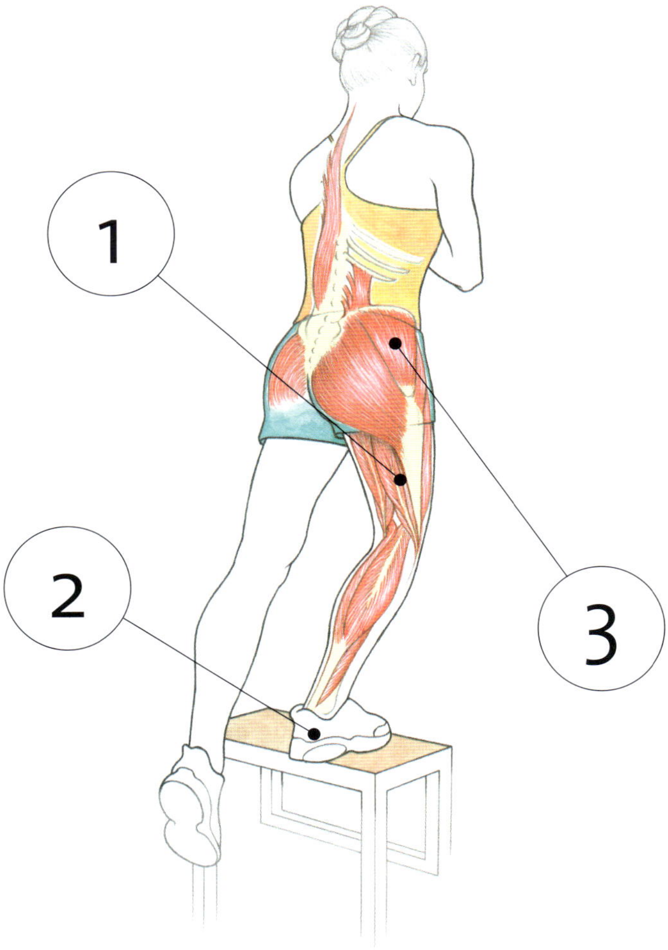


**1** 站在离板凳或者台阶约30厘米远的位置。一条腿先上台阶，然后另一条腿跟上，尽量保持膝、踝关节成直角。

**2** 当第一条腿踏上台阶后，放下脚后跟，可以保持身体稳定，并激活正确的肌肉。

**3** 时刻保持身体挺直，避免身体向前倾斜。可以手持重物增加训练强度。

### 使用到的肌肉

主要肌肉：股四头肌、臀肌。

次要肌肉：腘绳肌、小腿肌。

### 此训练如何提升骑行表现？

增强大腿肌肉的强度和耐力，可以减少肌肉的疲劳感，增强反应力，提高技术。

# 腿部——提踵

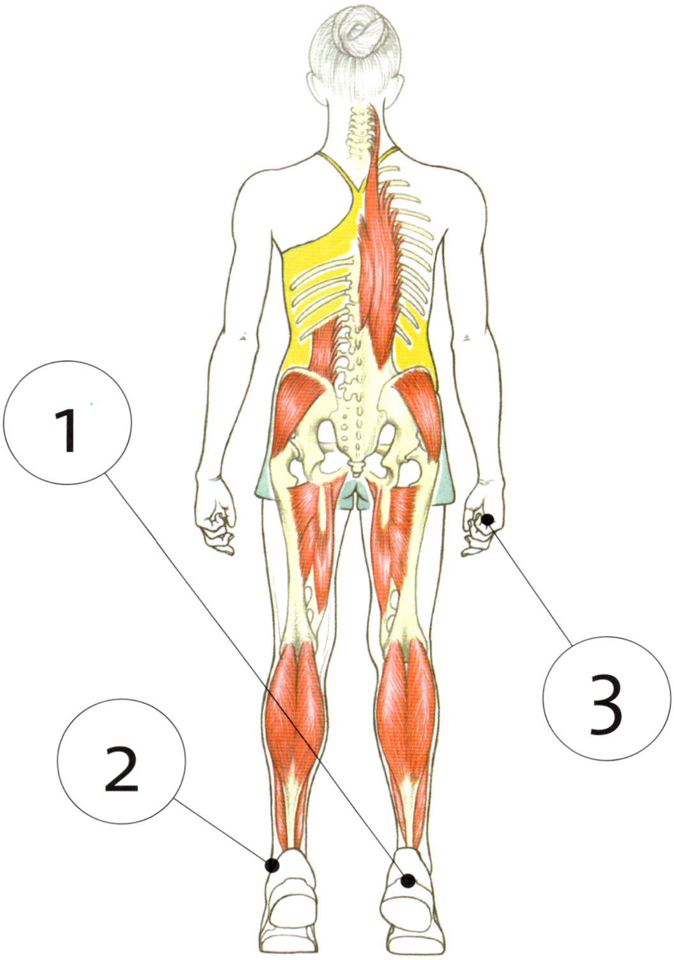


1 站立，双脚分开与髋同宽，身体挺直，抬脚跟，重心移至足前部，随后身体下降至起始位置。

2 脚踝保持中立位，避免脚踝左右偏移，始终保持身体挺直。

3 可以双手各持一个重物增加训练强度。如果没有合适的装备，罐装食品或者一些方便手持的重物也可以。

## 使用到的肌肉

主要肌肉：小腿后侧肌肉。

## 此训练如何提升骑行表现？

小腿后侧肌肉在骑行中非常重要，因为它可以把臀部及股四头肌的力量传到脚上，在踩踏板的后半阶段发力。

# 腿部——深蹲跳

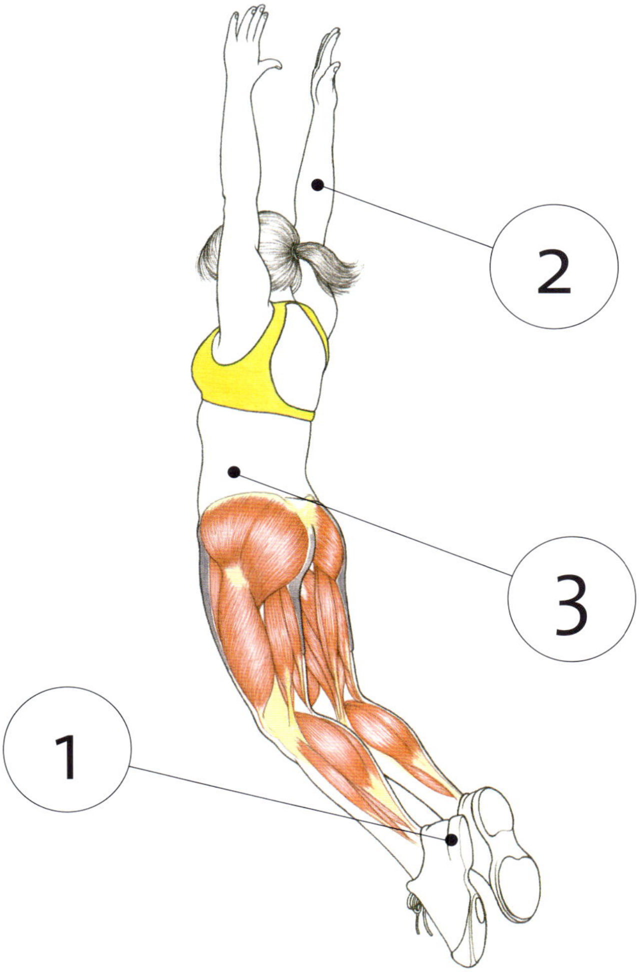


**1** 这是进阶的动态训练。先蹲下然后双脚同时向前起跳，运用足跟－足尖的动作着地。落地时屈膝，以缓冲落地受力。

**2** 两次重复之间，稍微停顿一下，使身体处在有准备的开始阶段。可以通过摆动双臂，获得更多冲力。

**3** 所有的动态训练，如果方法不得当，都会有较高的受伤风险。所以即便感觉疲劳，也要保持微微收腹，放松着地；如果不能维持，就停下休息。

### 使用到的肌肉

主要肌肉：股四头肌、臀肌、腘绳肌、腰背部肌肉。

次要肌肉：小腿后侧肌肉。

### 此训练如何提升骑行表现？

这是一个很好的全面运动。这个动作可以锻炼到股四头肌、腘绳肌、臀肌及小腿后侧肌肉，所有这些肌肉在骑行中都非常重要。

# 肩部——肩推

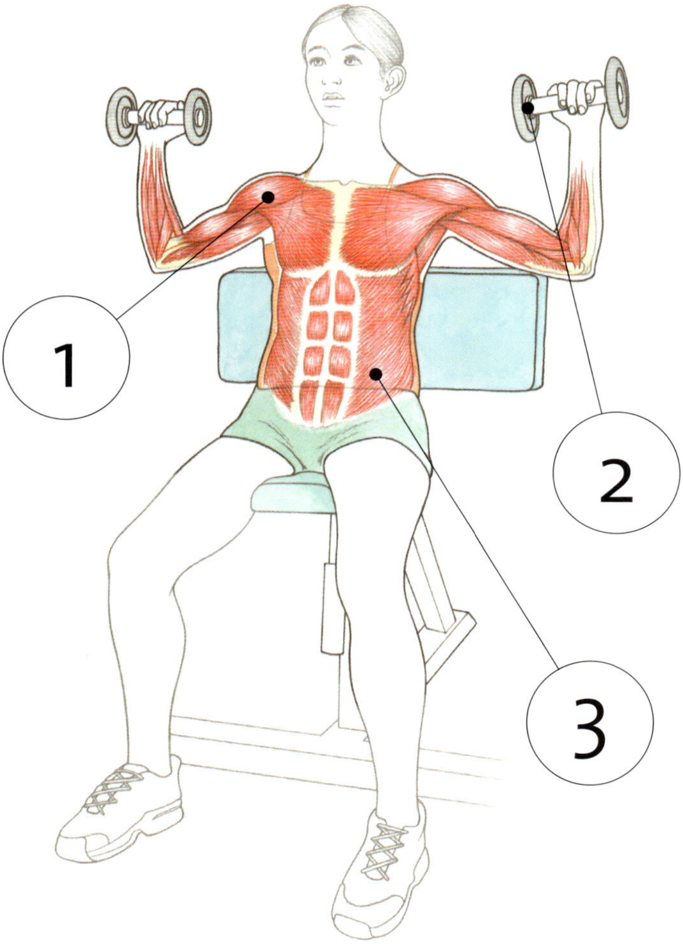


**1** 坐位，确保肘关节与肩膀位于同一高度。屈肘成直角，手握重物朝上，将重物向天花板方向推举，并在最高点将其轻轻靠拢。

**2** 手臂弧线运动，控制两手臂动作，不要在最高点相撞。

**3** 在训练中注意腰背部不要拱起。收腹、骨盆略微卷起有助于背部的挺直。

### 使用到的肌肉

主要肌肉：肩部肌肉（三角肌）。

次要肌肉：肱三头肌。

### 此训练如何提升骑行表现？

骑行中一旦出现摔倒，本能反应是收回手臂保护身体，这就会使肩膀非常容易受伤，所以需要加强整个肩部的力量。

* 在非负重情况下进行此项训练，双手紧握弹力带于相同起始位置开始训练。将双脚放在弹力带上，并且双手在与负重情况相同的运动轨迹上从肩膀开始画弧线举向最高点。

# 肩部——肩袖训练

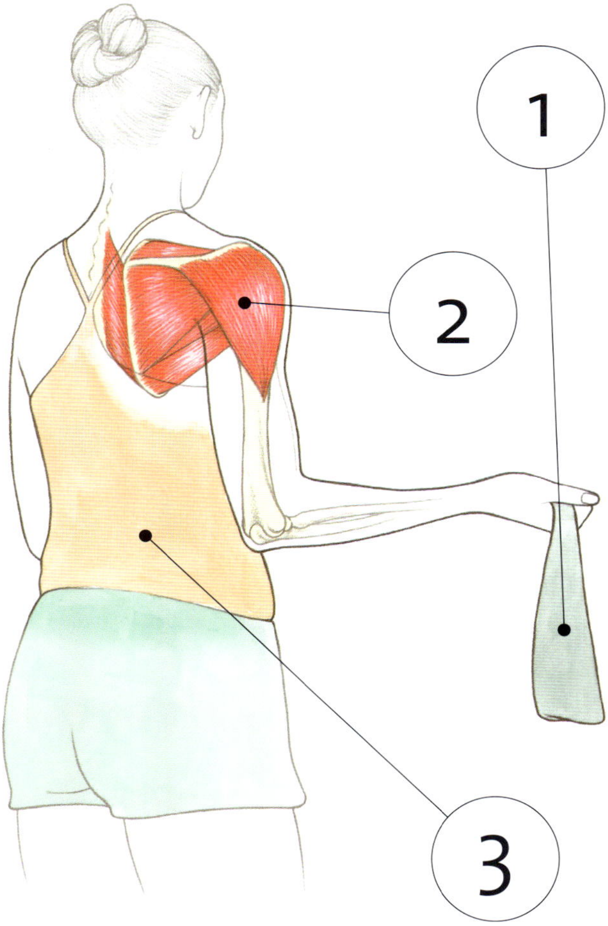


**1** 使用弹力带。开始时，将弹力带的一头固定在牢固的物体上，另一头握在手中。屈肘成直角，保持上臂贴紧身体，向外拉动弹力带。

**2** 屈肘成直角时，向外拉动弹力带，才能使肩背部的肌肉收紧。

**3** 这是很好的训练肩关节韧带的练习，保持正确的姿势，减少其他背部肌肉的参与。

### 使用到的肌肉

主要肌肉：肩部后侧肌肉（肩袖）。

### 此训练如何提升骑行表现？

过多的骑行有可能会有圆肩出现。缺少这种力量训练，骑行的姿态很容易不好，并会造成背痛。

# 肩部——俯身划船

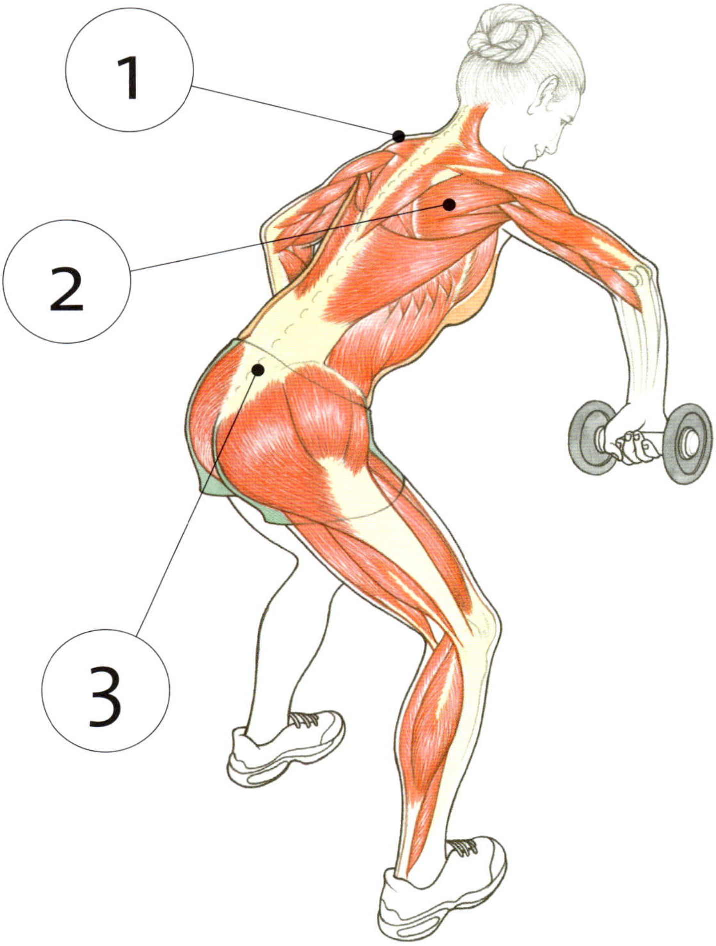


**1** 起始时，手持重物放在膝关节以下。保持俯身姿势，划船过程中，夹紧背部，重物向肚脐方向移动，然后伸直手臂回到起始位置。

**2** 抬起重物时，感受肩胛骨的缩紧，这会将负荷集中到背部。

**3** 保持这个姿势时腰背部容易紧张，背部容易弯曲。可以通过收腹保持骨盆位置，从而保持背部的挺直。

**使用到的肌肉**

主要肌肉：颈部肌肉、肩部肌肉，以及背部肌肉（斜方肌）。

次要肌肉：肱二头肌。

**此训练如何提升骑行表现？**

在用力蹬车尤其是冲刺和爬坡时，强壮的肩部肌肉有助于稳定车把。

* 在非负重情况下进行此项训练，双手紧握弹力带于相同起始位置开始训练。将双脚放在弹力带上，并且双手在与负重情况相同的运动轨迹上从肩膀开始画弧线举向最高点。

# 胸部——俯卧撑

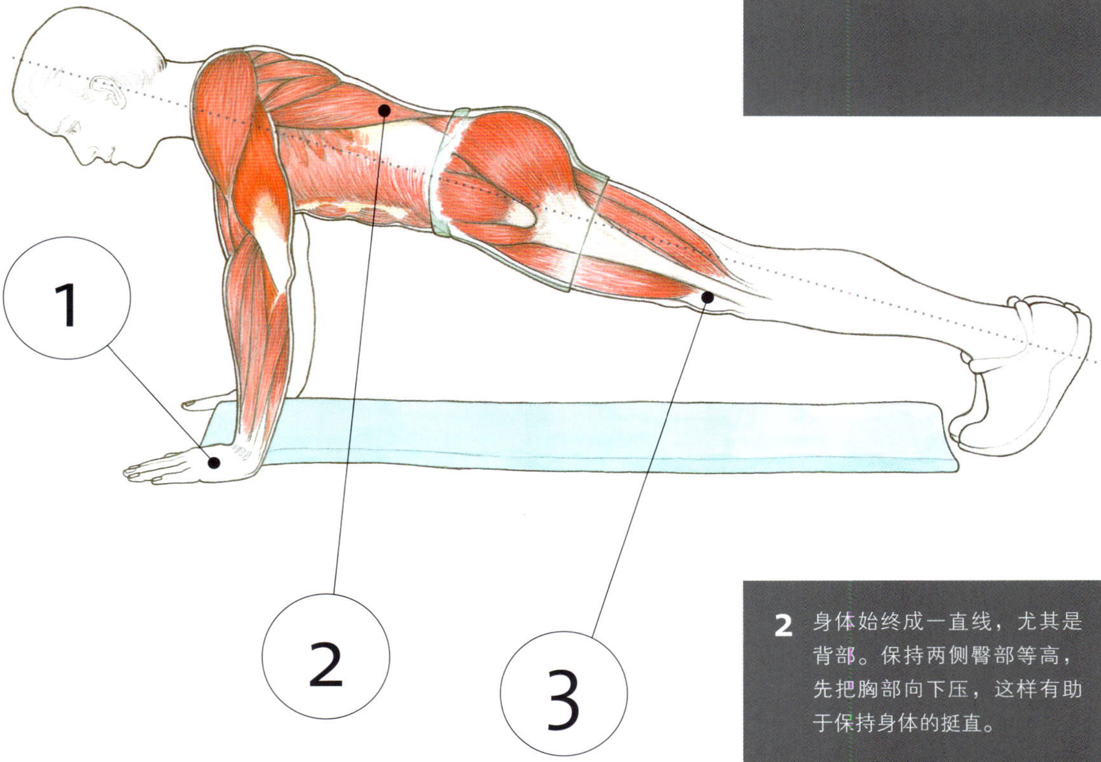


**1** 双手分开比肩略宽，撑地，胸部下降贴近地面，直至距离地面一拳，然后缓慢地推回至起始位置。

**2** 身体始终成一直线，尤其是背部。保持两侧臀部等高，先把胸部向下压，这样有助于保持身体的挺直。

**3** 可以采用膝关节着地，即跪式俯卧撑降低动作难度，不能维持身体成直线时，也可以采用这种方式。

**使用到的肌肉**

主要肌肉：胸大肌。

次要肌肉：肱三头肌。

**此训练如何提升骑行表现？**

这是模仿技术骑行时，一旦遇到坑洼、不平整类似鹅卵石路面的情况下的推把动作。

# 手臂——肱二头肌弯举

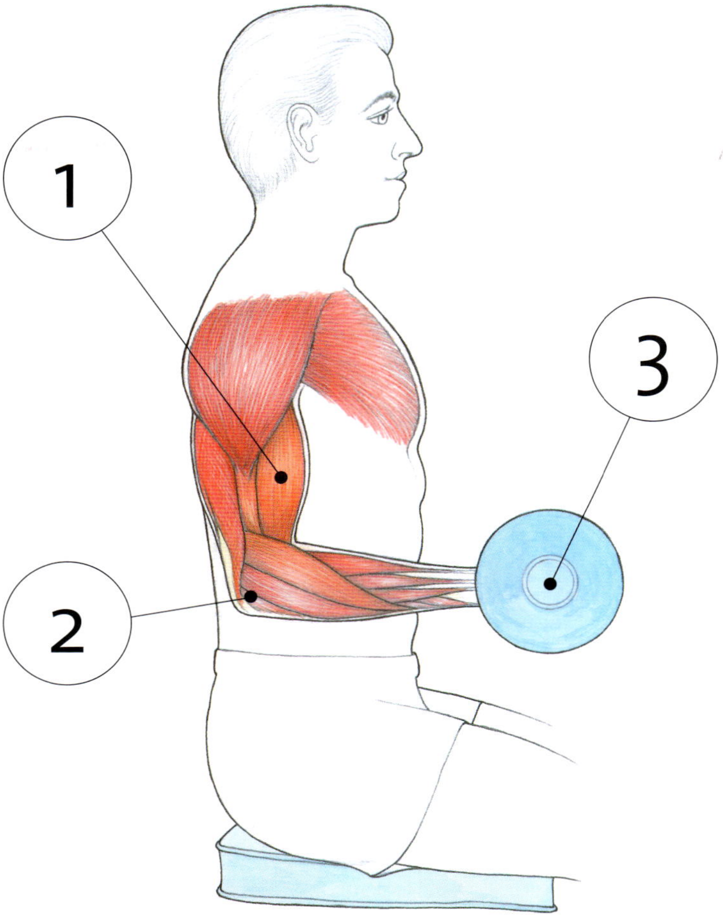


**1** 手持重物，手掌向上，保持双手自然握住握柄，弯曲肘关节将重物举至胸前，短暂停顿，然后回到起始位置。

**2** 保持肘关节贴紧身体，不要向后移动。

**3** 双手用力，关节放松，如果握得过紧，前臂过度用力，会影响肱二头肌的发力。

### 使用到的肌肉

主要肌肉：肱二头肌。

### 此训练如何提升骑行表现?

有力的肱二头肌有助于保持自行车上的核心稳定，有力的手臂力量可帮助减少不必要的能量消耗。

* 在非负重情况下进行此项训练，双手紧握弹力带于相同起始位置开始训练。将双脚放在弹力带上，并且双手在与负重情况相同的运动轨迹上从肩膀开始画弧线举向最高点。

# 手臂——肱三头肌撑体

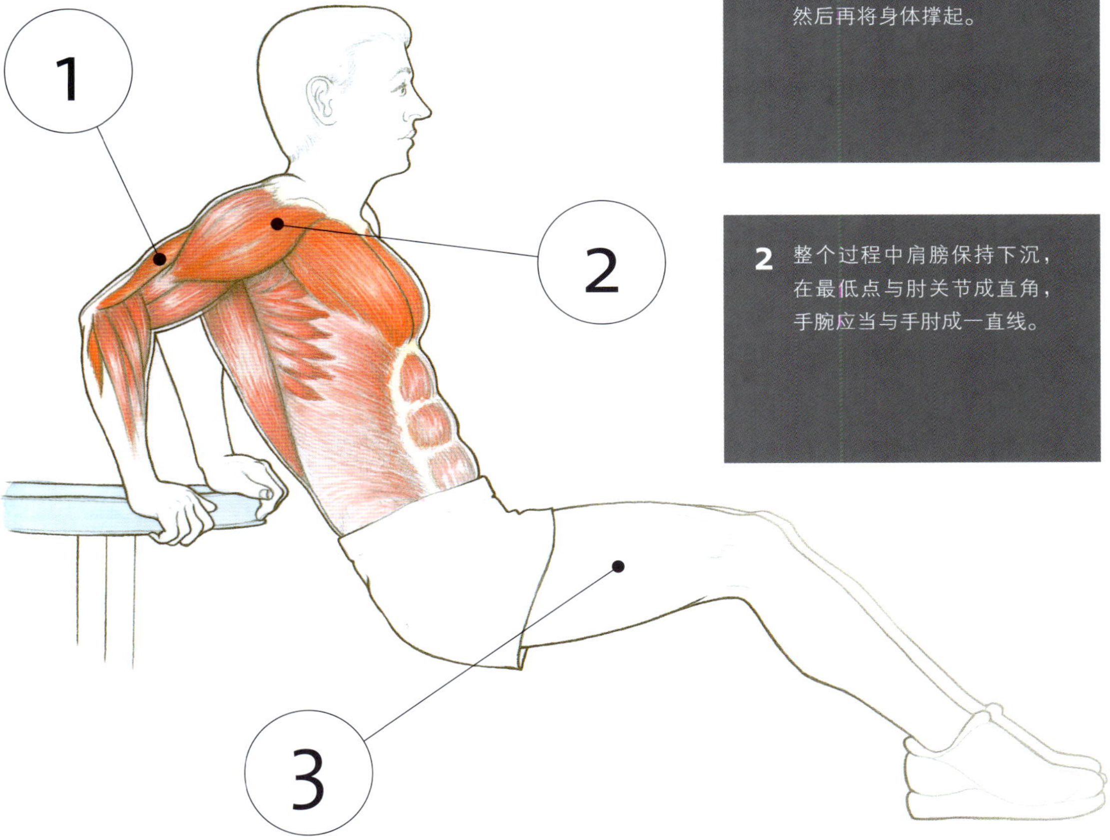


**1** 开始时，双手放在椅子或者台阶上，双手间距略宽于两大腿间距。保持背部靠近椅子，通过屈肘使身体下降，然后再将身体撑起。

**2** 整个过程中肩膀保持下沉，在最低点与肘关节成直角，手腕应当与手肘成一直线。

**3** 伸直双腿，勾脚尖可以加强训练强度。在训练中要尽可能地使背部靠近椅子。

**使用到的肌肉**

主要肌肉：肱三头肌。

**此训练如何提升骑行表现?**

有力的肱三头肌有助于骑行中身体平衡的保持，提高控把的能力。

# 核心——平板支撑

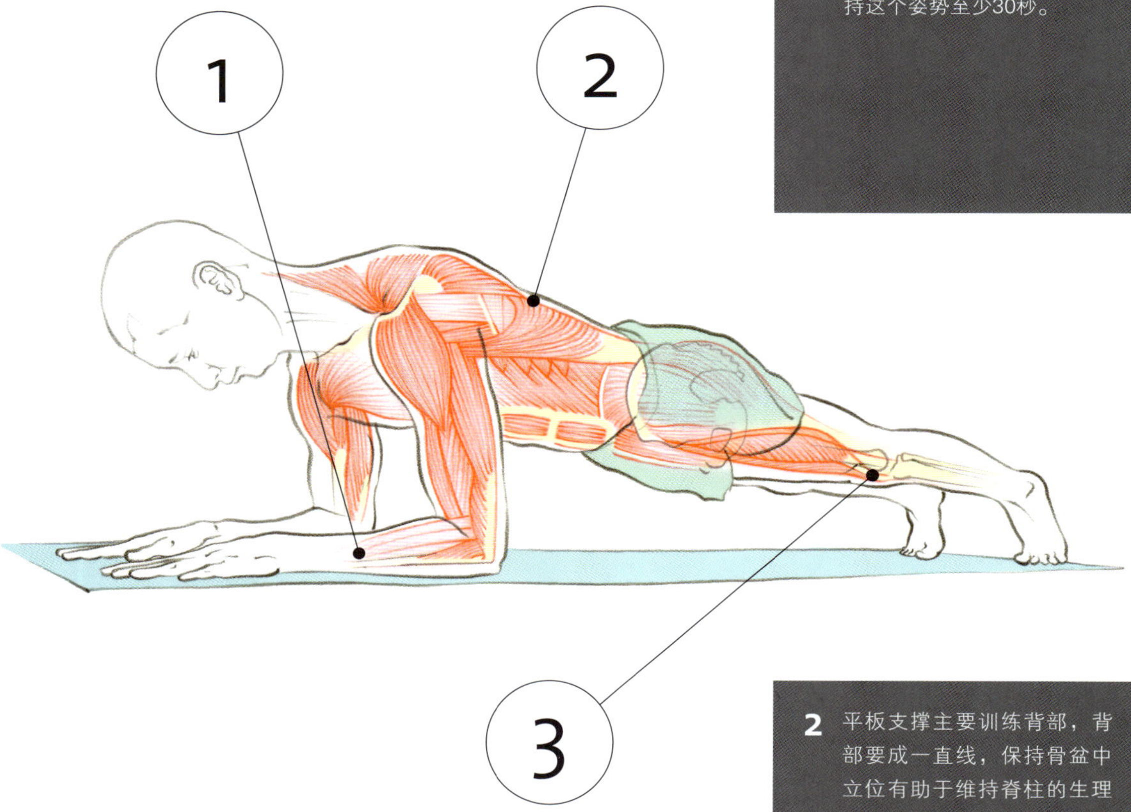


**1** 前臂平放于地板，手肘处于肩膀正下方的直线上。头顶、髋和足跟成一直线，保持这个姿势至少30秒。

**2** 平板支撑主要训练背部，背部要成一直线，保持骨盆中立位有助于维持脊柱的生理曲度，重心向足跟方向移动可以拉长脊柱。

**3** 如果不能保持身体成平面，可以屈膝使膝关节着地，这是降低难度的改良方法。

### 使用到的肌肉

主要肌肉：深层、浅层腹肌和腰背部肌肉。

### 此训练如何提升骑行表现?

在蹬车时，躯干是一个整体，强有力的核心可以最大限度地把四头肌的发力传递到踏板上。

# 核心——侧方平板支撑

**1** 一手撑在地板上，手肘处于肩膀下并与肩膀成一直线，身体转向侧面，然后将臀部向上抬起，成图示中的姿势，保持至少30秒。

**2** 与平板支撑一样，这个动作要保持躯干成一直线，背部维持正常的生理曲度，伸直双腿也有助于背部挺直。

**3** 低强度的改良动作是屈膝成直角，膝关节着地，然后以手和膝关节作为支点，撑起身体。在肩膀力量较弱的情况下，也可以采用这种改良方法。

### 使用到的肌肉

主要肌肉：侧方、深层、浅层腹肌和腰背部肌肉。

### 此训练如何提升骑行表现?

背与腹肌组成了身体的核心，尤其是针对计时赛的训练，这可能是一个薄弱点。许多自行车运动员因为缺少腰背部肌肉及腹肌的力量，导致踩踏板的力量减弱。

# 核心——卷腹

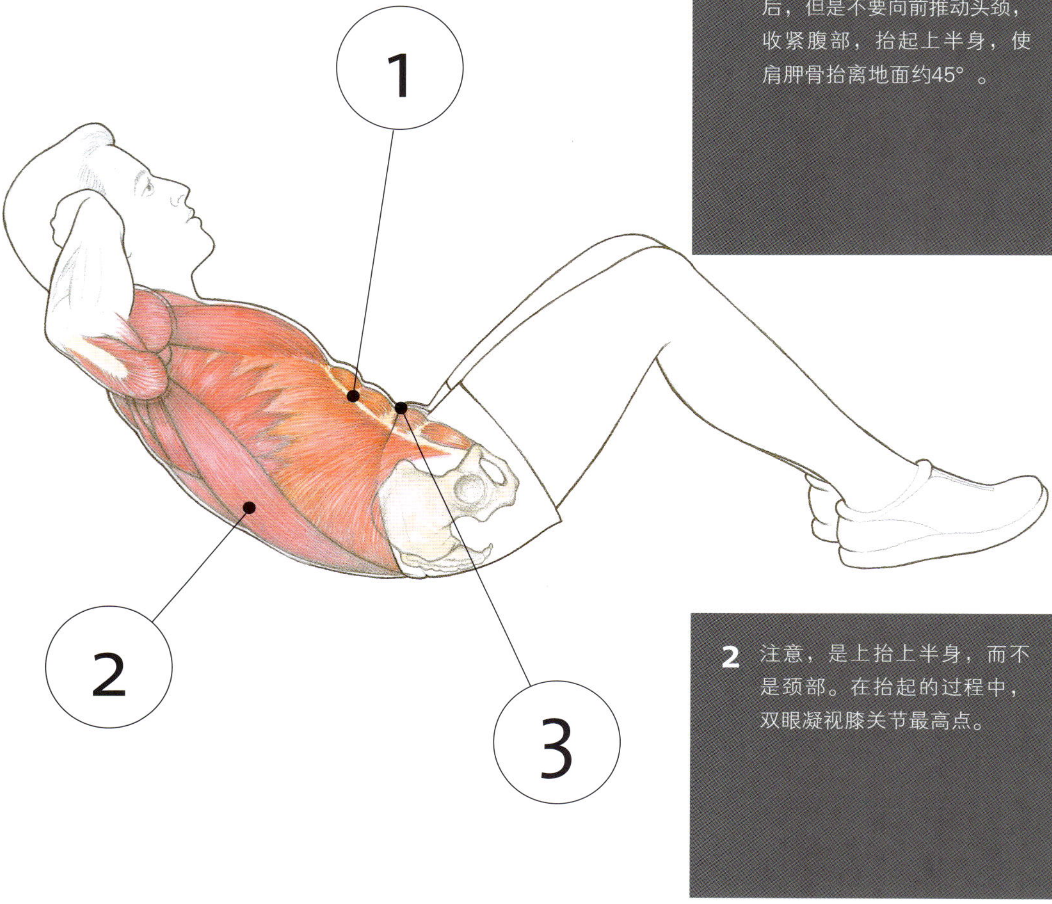


**1** 平卧，膝关节屈曲，两脚平放在地面上。两手置于头后，但是不要向前推动头颈，收紧腹部，抬起上半身，使肩胛骨抬离地面约45°。

**2** 注意，是上抬上半身，而不是颈部。在抬起的过程中，双眼凝视膝关节最高点。

**3** 肚脐慢慢向脊柱方向收紧可以达到更好的训练效果。背部躺在健身球上训练可以增强训练强度并增强平衡性。

**使用到的肌肉**

主要肌肉：浅层腹肌。

**此训练如何提升骑行表现?**

大多数自行车运动员躯干和腹肌的力量相对薄弱。加强躯干训练，可以使大腿肌肉不断发力的时候，增强对身体的支撑。

# 核心——肩桥

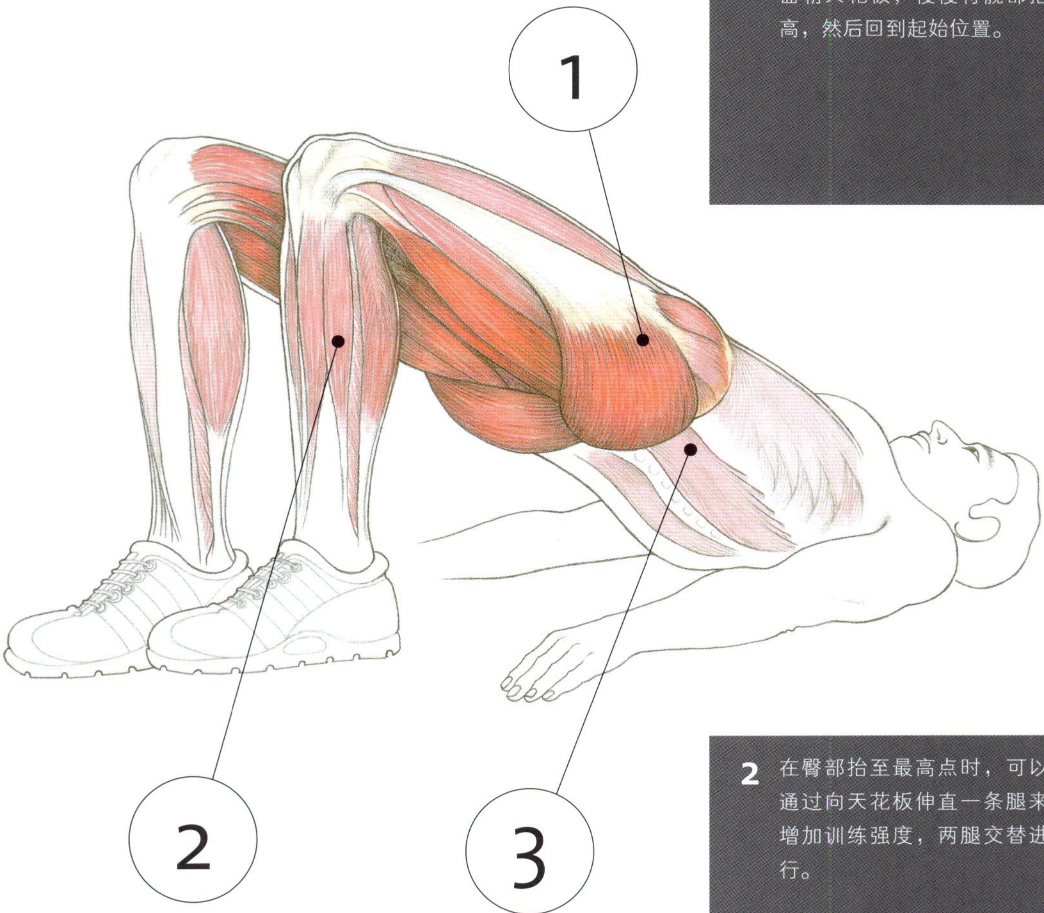


**1** 背部躺平，双腿屈膝踩地，面朝天花板，慢慢将髋部抬高，然后回到起始位置。

**2** 在臀部抬至最高点时，可以通过向天花板伸直一条腿来增加训练强度，两腿交替进行。

**3** 在臀部抬起至最高点时，肩部、臀部和膝关节应该在一条直线上。在上抬和下降的过程中，想象整个脊柱像自行车链条一样运动。

### 使用到的肌肉

主要肌肉：臀肌、腘绳肌、腰背部肌肉、腹肌。

### 此训练如何提升骑行表现？

因为骑行主要是屈曲的身体姿态，背部肌肉处于持续的牵拉状态。如果这种牵拉力不能抵消或者通过训练转移，就会产生很多问题。

# 核心——“V”形抬腿

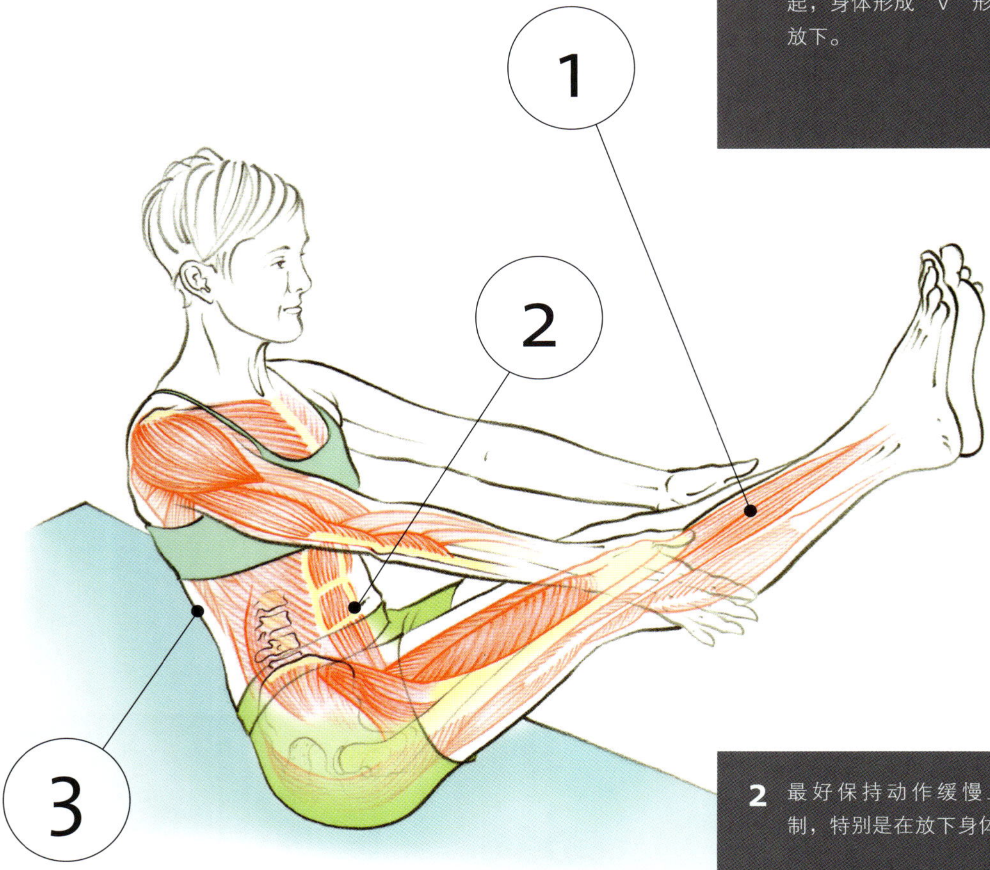


**1** 开始时，双手放在身体两侧，同时将双腿与上半身抬起，身体形成“V”形，然后放下。

**2** 最好保持动作缓慢且有控制，特别是在放下身体时。

**3** 这是个较难的训练，如果动作不当会导致背部损伤。抬起时屈膝可降低动作难度。

### 使用到的肌肉

主要肌肉：上腿部肌肉、上腹部肌肉以及髋屈肌。

### 此训练如何提升骑行表现？

长时间的腿部持续发力会对腰背部肌肉造成过多压力，影响背部生理曲度，这个训练可以改善这种情况。

# 核心——背飞

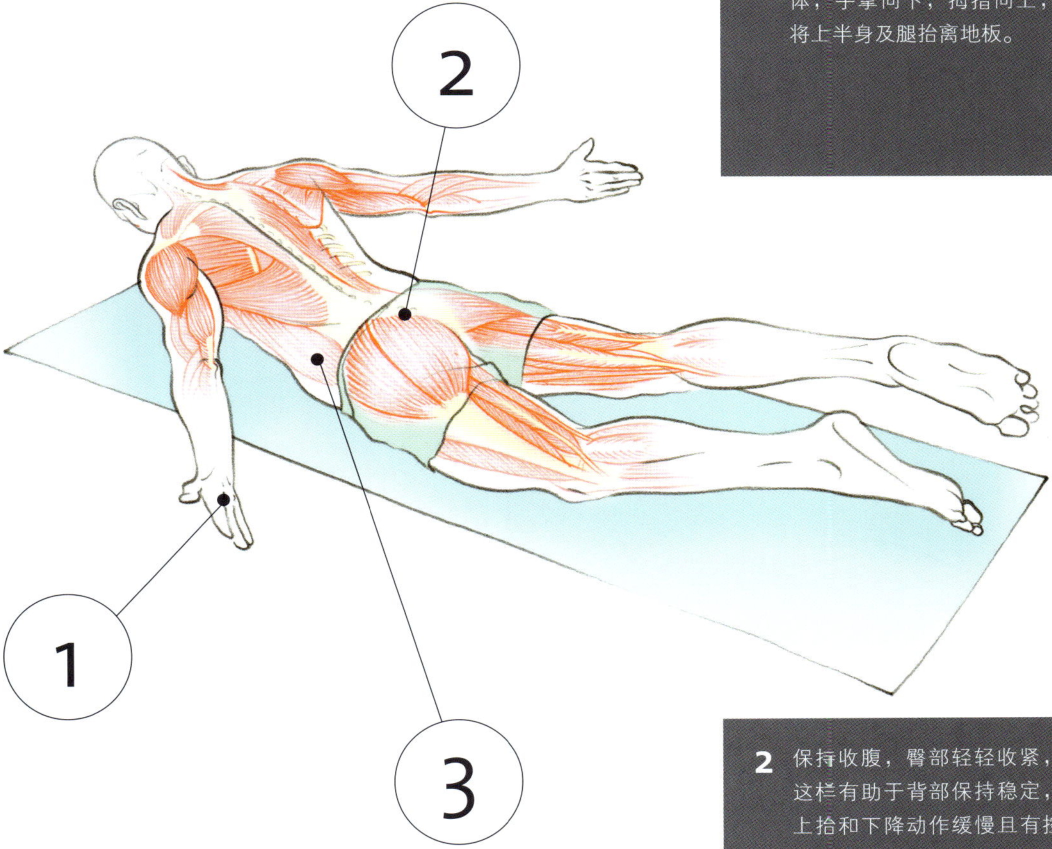


**1** 趴在垫子上，双手略离开身体，手掌向下，拇指向上，将上半身及腿抬离地板。

**2** 保持收腹，臀部轻轻收紧，这样有助于背部保持稳定，上抬和下降动作缓慢且有控制。

**3** 如果想减轻背部的负担，可以双手放在肩下支撑，并用双手推地板。根据需要使用双手力量。

### 使用到的肌肉

主要肌肉：腰背部肌肉。

### 此训练如何提升骑行表现?

这个动作对于自行车运动员非常有帮助，因为可以训练到腰背部肌肉及腘绳肌，这些肌肉在山路或者爬坡中应用非常多。

# 背部——俯身背部伸展

**1** 趴在健身球上，双脚分开与肩同宽，两手置于胸前或头的后侧。缓慢抬起上半身，然后再回到起始位置。

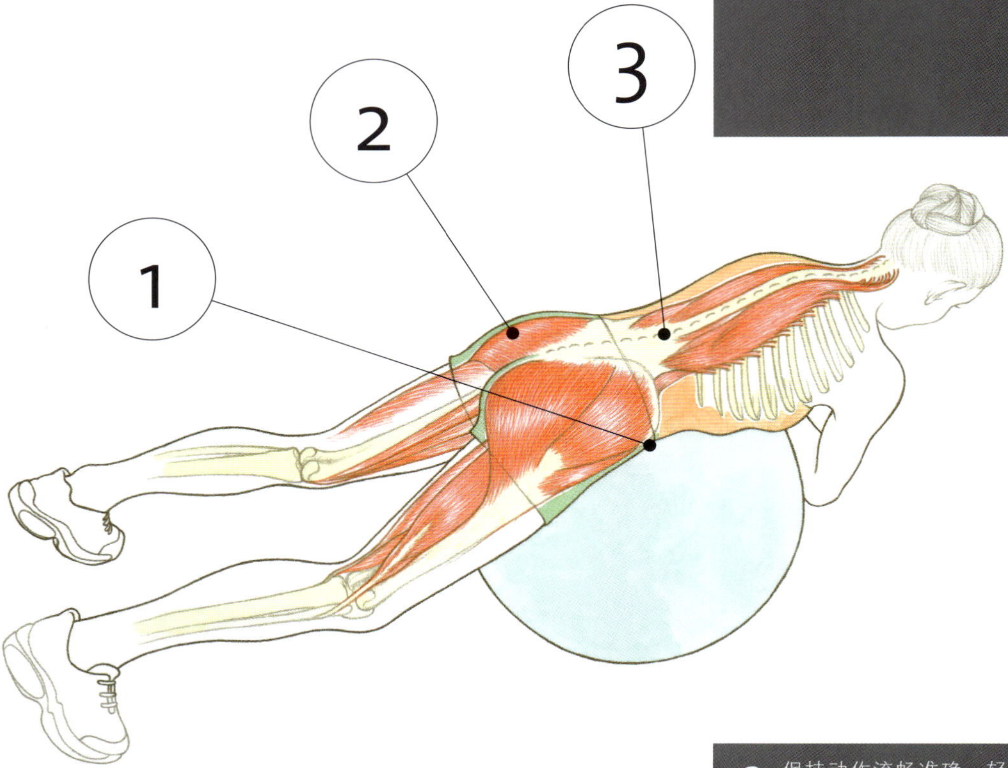


**2** 保持动作流畅准确，轻轻收腹，夹紧臀部。

### 使用到的肌肉

主要肌肉：腰背部肌肉。

### 此训练如何提升骑行表现？

紧张的髋部肌群及薄弱的背部肌肉会造成运动中膝关节的疼痛。这个训练主要帮助加强背部的肌肉力量。

**3** 结合向前滚动健身球可以加强训练的强度。但要注意，这样也会加大对腰背部的压力。

# 训练计划——初级

每个动作2组，每组8~12次（卷腹、肩桥、背飞×15次），组间休息1分钟。
平板支撑：坚持30秒（若身体不能保持平直则减少时间）。

找到合适的负重重量。负重下能坚持完成所有的重复动作，并在动作结束时有力竭的感觉就是合适的重量。建议针对大肌肉群（深蹲中的臀肌与股四头肌），采用相对较重负重的训练，而对于小肌肉群（肱二头肌弯举中的肱二头肌），采用相对较轻负重的训练。

**使用器械**

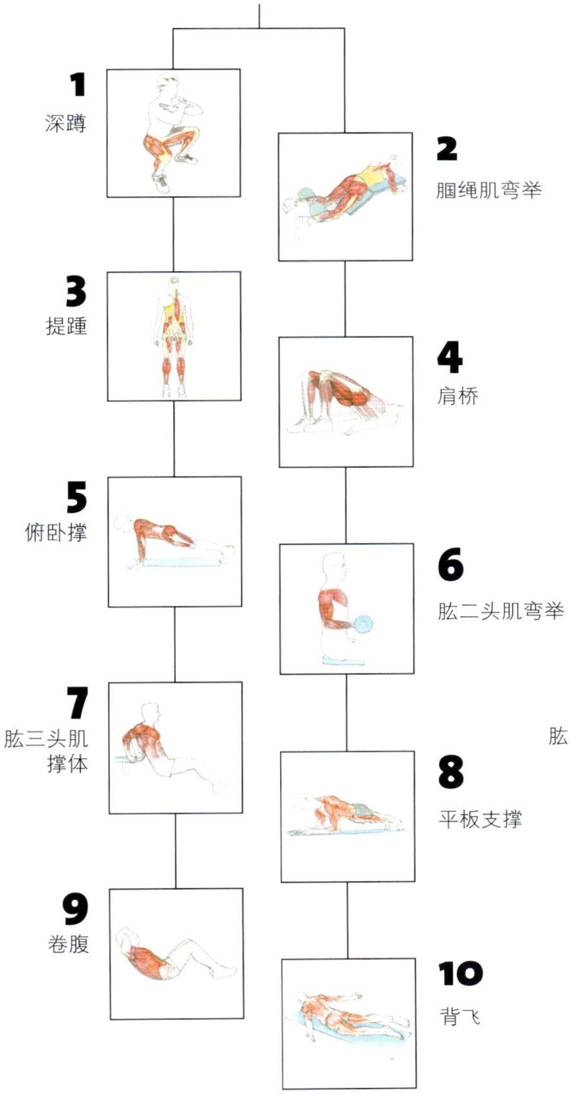


**不使用器械**

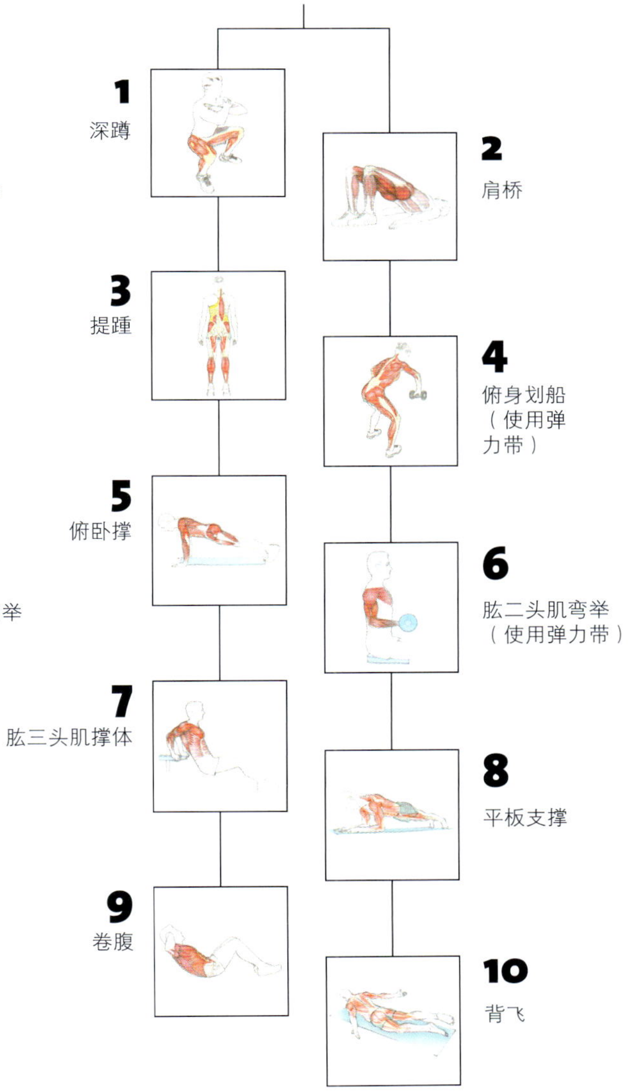

# 训练计划——中级

每个动作2组，每组10~15次（肩桥20次）。
侧方平板支撑：坚持45秒（若身体不能保持平直则减少时间）。

找到合适的负重重量。负重下能坚持完成所有的重复动作，并在动作结束时有力竭的感觉就是合适的重量。建议针对大肌肉群（深蹲中的臀肌与股四头肌），采用相对较重负重的训练，而对于小肌肉群（俯身划船中的肩部肌肉），采用相对较轻负重的训练。

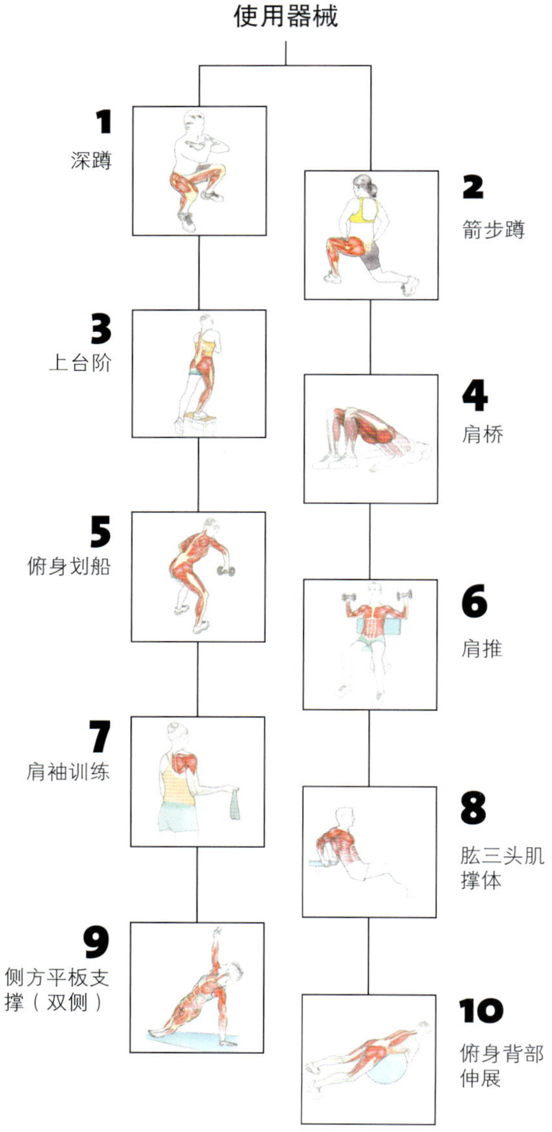


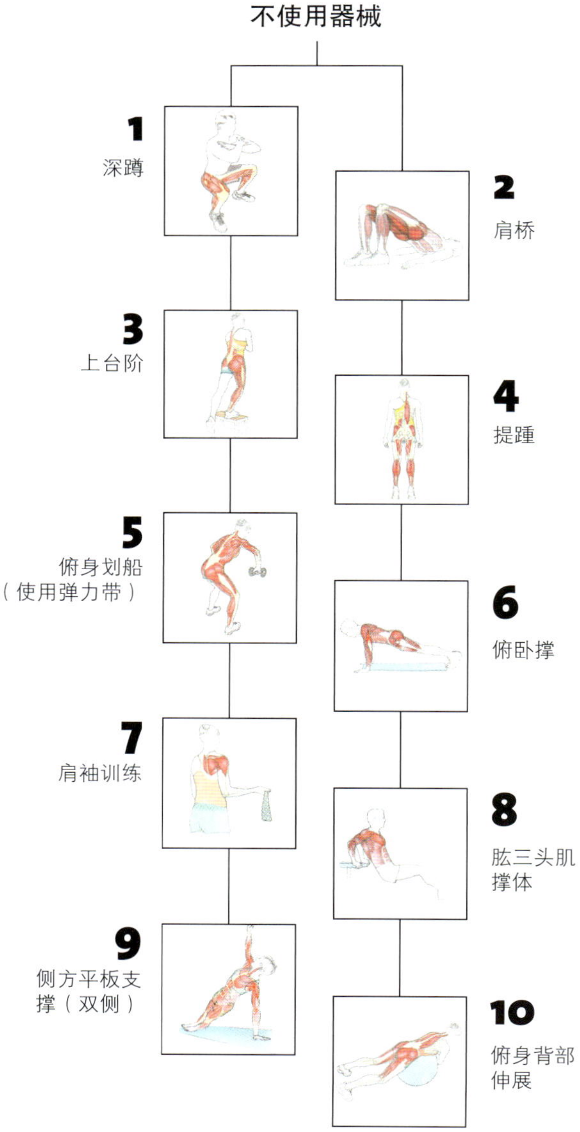

# 训练计划——高级

每个动作3组，每组12~15次（背飞、“V”形抬腿30次）。
侧方平板支撑：坚持60~90秒（若身体不能保持平直则减少时间）。

找到合适的负重重量。负重下能坚持完成所有的重复动作，并在动作结束时有力竭的感觉就是合适的重量。建议针对大肌肉群（深蹲中的臀肌与股四头肌），采用相对较重负重的训练，而对于小肌肉群（俯身划船中的肩部肌肉），采用相对较轻负重的训练。

使用器械

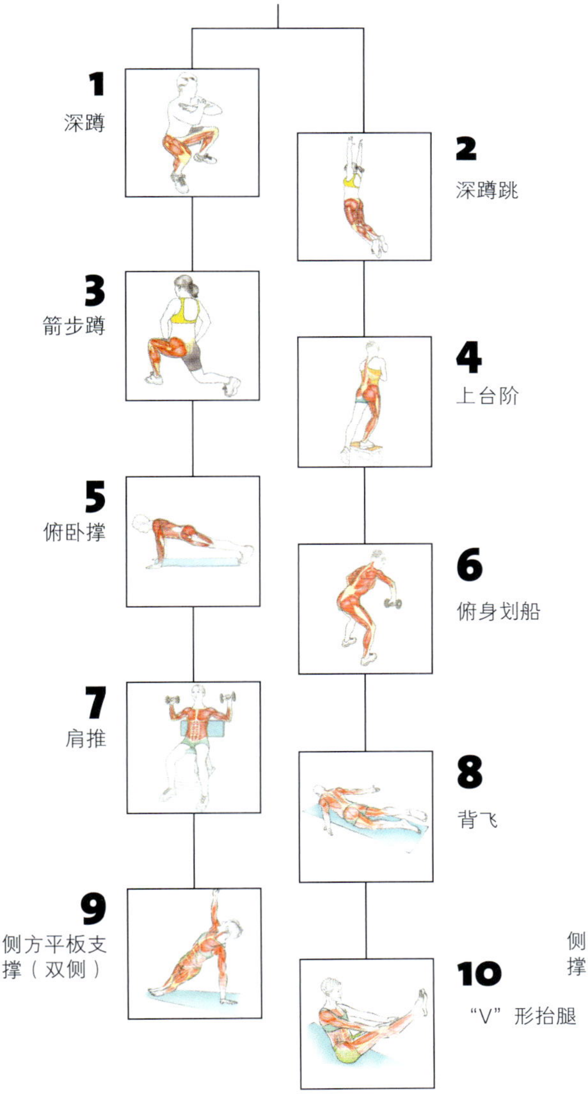


不使用器械

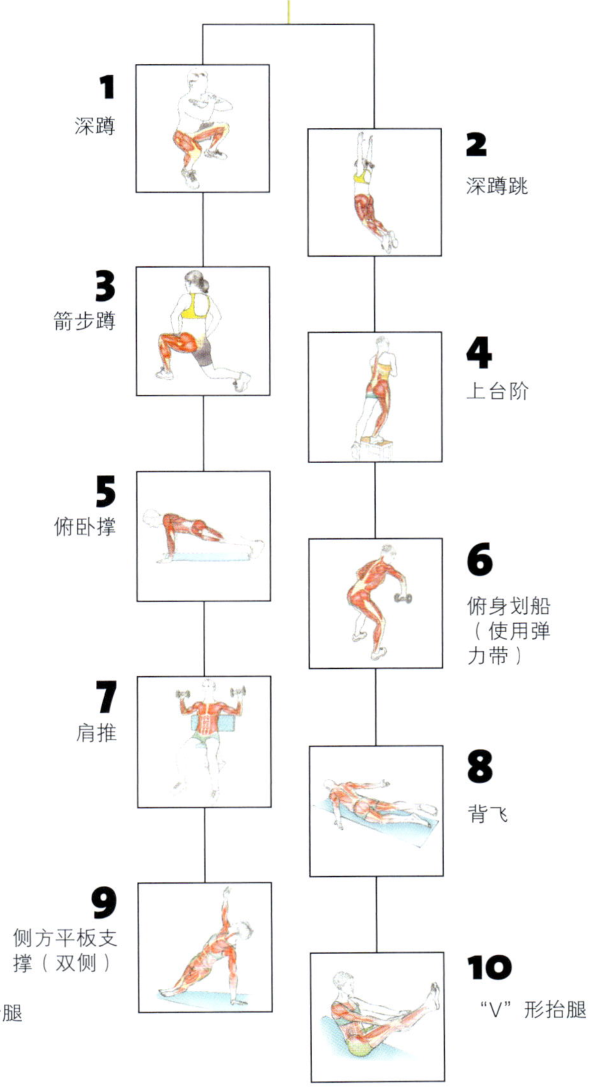

# 饮食营养

// 更健康 // 更均衡 // 更有活力

# 基础知识

在任何运动中，食物和营养都是正确训练的基本要素。把身体想象成一辆车——它可以拥有最强大的引擎，拥有最符合空气动力学设计的外形，但它永远不会在没有燃料的情况下运行。而食物就是人体的天然燃料。

食物可以分为4种基本类型：碳水化合物、蛋白质、脂肪和液体。每一种都非常重要，它们赋予身体能量、耐力、抵抗力和自我恢复的能力。每一种元素都是必不可少的，只要合理摄入，并与其他元素保持平衡，对我们的健康和身体绝无害处。

**碳水化合物**是肌肉的燃料，为肌肉提供能量。

**蛋白质**在负荷运动中有塑造修复肌肉的作用。

**脂肪**为身体提供能量存储，有助于细胞的正常运转和维持体温。

**液体**可以维持体液浓度和排出毒素。

将上述这些元素组合，并根据运动需要及身体反应进行调整，就会为训练和比赛提供所需的营养。

根据运动类型和运动量，一个运动员或经常运动的人（每周训练3次，每次训练超过60分钟）的基本饮食是每天摄入3 000~4 500卡（非法定计量单位，1卡≈4.184焦耳）的热量。这个热量可能比你在运动俱乐部听到的或慢跑时聊天听到的要多得多。但请记住，这种饮食并不是为了减肥，而是为了让身体保持最佳运动状态。

如果你在正确的时间吃正确的食物，规划每周的饮食和训练，体重将永远不会是一个问题。你会明白合理饮食（即正确地摄入营养，而不是急于减重）将极大地改善你的生活质量和运动表现。

运动中的营养和锻炼同等重要。再说一次，身体就像一辆汽车，需要加最正确的燃料来提供最强大的动力。

在计划饮食之前，你需要了解以下4个关键步骤。

1. 不要太饿，饥饿容易让人选择错误的食物，吞下你能找到的任何东西。每天至少有5餐，并计算每餐的摄入量。
2. 每餐至少吃3种不同的食物，因为饮食单一会让身体无法很好地去消化那些平常你不常吃的食物。选择不同种类的蔬菜、鱼和肉，为身体提供不同的维生素和矿物质。
3. 平衡每餐的食物成分构成。在保证碳水化合物的基础上增加蛋白质和脂肪的摄入（人与人之间所需数量是不同的；理想的基础构成是50%的碳水化合物、30%的蛋白质和20%的脂肪）。
4. 尽量选择纯天然食物。香蕉比能量棒好，橘子比橙汁饮料好。

# 评估饮食

人们往往会被自己的体形所困扰。这是一种正常的感觉，因为媒体每天都在给我们传递这样的信息。在评估理想饮食时，尝试忘掉体形，现实地思考一下想通过运动达到什么样的目标。这样就会更加专注于饮食规划，并将正确的饮食方法应用到日常生活中。

**第一个问题：你吃早餐吗?**

每天早上都要吃早餐。如果早起训练，试着比平时提早半小时醒来，以确保有时间吃早餐。如果早起是不可能的，那就在前一天晚上多吃点碳水化合物，第二天早上再吃点零食来补充能量。训练前一小时吃点东西很重要，因为这可以保持体内血糖含量，而肌肉则能利用夜间储存的能量。

避免高蛋白早餐。记住，每顿饭都应该以碳水化合物为基础。一些理想的早餐食品的搭配是：

- 麦片粥配干酪或乳清奶酪，加一点坚果。
- 在一碗谷类食品上加一杯牛奶或酸奶，再加一根香蕉和一些葡萄干。记住，全麦麸谷物对肠道有压力，是不适合训练和比赛的。也要避免食用糖衣谷物。
- 一份由两片全麦面包和60克烟熏鲑鱼组成的三明治（可以加一些淡奶油干酪），以及一个橙子或一杯橙汁。
- 什锦酸奶和一份水果。

如果你觉得需要增加咖啡因，请随意饮用，因为它不会干扰训练（尽管它会给一些人带来胃酸）。每个人是不一样的，这就意味着要通过每天校准和测试来找到适合自己的摄入量。

**第二个问题：你在训练后吃零食吗?**

记住，训练后的吃吃喝喝是补充肌肉能量的唯一方法。根据训练间隔及训练强度，你可以选择吃哪种零食，这是肌肉吸收和储存更多糖原的时刻。

有两个选择：要么选择低血糖指数（GI）的零食，要么选择高GI的零食。GI是glycemic index的首字母缩写，是衡量碳水化合物对血糖含量影响的一个指标。碳水化合物可以缓慢地释放到血液中（低GI），也可以快速地释放到血液中（高GI）。虽然对于糖尿病人来说控制GI很重要，但这并不是大多数运动员真正担心的事情。你必须明确从饮食中选择血糖恢复的类型。

如果一天内训练两次，或者在第二天早上训练，那么会需要高GI恢复，选择像玉米片、白面包、西瓜或烤土豆这样的食物。另外，有研究表明，由于糖的释放速度较慢，从长远效果来看，低或中等GI食物，如水果、蔬菜、全麦面包、意大利面、牛奶和酸奶等释放糖类更有效。

记住，在训练后吞下大量的蛋白质奶昔几乎是无用的。

肌肉主要依靠碳水化合物补充能量，只需要一些蛋白质来恢复紧张的肌肉并帮助新的肌肉生长。

**第三个问题：你白天会觉得饿吗?**

如果确实有饥饿感，就需要调整计划避免这种现象。根据经验，事先计划正餐和零食，确保每天所需的食物，以此安排几天内的饮食。

理想情况是，在离开家前吃一顿丰盛的早餐，不超过4小时的时候吃一些零食（大多数人在10~11点之间吃）；然后吃午餐（最好在前一天晚上准备好，避免饿的时候饥不择食），3~4小时后，再吃一份零食；然后是丰盛的晚餐（尽量避免意大利面、米饭和面包，除非是比赛当天或者比赛前一天晚上）；最后是晚上的零食。

**第四个问题：你在训练中感到疲劳吗？**

在训练中疲劳可能有不同的原因。

- 糖原存储较低。糖原已经被燃烧尽了，只能用蛋白质和脂肪作为燃料，使大量的酮体涌入大脑。这时，应该在训练前、训练后摄入大量的碳水化合物，使肌肉尽可能多地储存糖原。
- 脱水。脱水意味着身体不能正常降温，这会危及细胞的健康，使二氧化碳和乳酸的排出变得更加困难。

# 碳水化合物

你一定听说过碳水化合物会使人发胖，但这种说法是不对的。脂肪使人发胖，碳水化合物是必需的基本燃料，只有摄入足够的碳水化合物，肌肉才有足够的能量。在运动饮食中，碳水化合物是营养需求中的绝对必需品。

碳水化合物可分为两类：简单的和复杂的。简单的碳水化合物是单糖（单糖分子：果糖、葡萄糖和半乳糖）和双糖（双糖分子：蔗糖、乳糖、麦芽糖）。水果和蔬菜含有许多不同种类的碳水化合物，这也是饮食中应该包括各种各样的蔬菜和水果的原因之一。

在消化过程中，胃会将糖和碳水化合物转化为葡萄糖，然后再转化成一种叫作糖原的聚合物（由五个或更多的糖分子组成的链）。糖原储备是能量水平的关键。糖原储存在肌肉和肝脏中，为训练和比赛提供适量的能量。

肌肉中储存的糖原可以作为能量使身体活动及肌肉训练，同时肝脏中储存的糖原可以提供缓慢释放的糖进入血液，保证大脑中糖量的恒定。这很重要，因为大脑中的糖分会极大地影响你的表现。

你有没有听说过臭名昭著的“撞墙期”？“撞墙期”是许多职业运动员在职业生涯中都会碰到的。在这个时间节点，你会确信你将无法完成目标。“撞墙期”不是一个形而上学的概念，简单地讲，在这个时刻大脑里没有足够的糖。肌肉和肝脏中储存大量的糖原，可以有效地帮助你避开“撞墙期”。

那么不同糖之间的主要区别是什么呢？精制糖、软饮料和能量饮料只提供能量供应，蔬菜和水果将提供不同数量的葡萄糖、维生素和矿物质，这些都有助于激发身体以正确的方式运转。

经常吃自然状态的食物。像全麦面包、糙米、糙面，这些未经精细加工的食物比精细加工过的食物提供的营养元素更全面，更有营养价值。同样的概念也适用于烹饪过的碳水化合物——最好少加工蔬菜，这样就能更好地保留其中的维生素和矿物质，以及糖和淀粉。这就引出了一个非常重要的问题，肌肉不仅需要通过运动来训练，还需要让它们尽可能多地储存糖原。但怎么才能做到呢？通过正确的方式、方法摄入适量的碳水化合物。

在训练过程中，不停地操练肌肉会使它们生长并变得更强壮。与此同时，通过向它们提供适量的碳水化合物，会使它们储存更多的糖原。

100克未经训练的肌肉只能储存13克糖原，但同样质量的训练过的肌肉可以储存大约32克糖原，而受过专业负荷碳水化合物训练的肌肉可以储存35~40克糖原。不用说，后者的肌肉运动表现更好、更长久。

# 常见碳水化合物种类

**1** 未经加工提炼的食物比精制的食物有更好的营养价值。例如，糙米、全麦面包、糙面、爆米花（无黄油）、燕麦粥、生水果和蔬菜等。

**2** 确保每天吃的任何一餐都是以碳水化合物为基础的。试着以前面提到的碳水化合物、蛋白质、脂肪的比例（50：30：20）来参考。

**3** 尽可能增加食物种类。最好的方法是用颜色来规划饮食（绿叶菜或花椰菜、番茄、辣椒、胡萝卜、橘子、苹果、蓝莓等）。

**4** 确保训练前后都有足够的碳水化合物维持体内的血糖水平。一旦糖原耗尽，身体就开始燃烧脂肪补充能量。虽然这样可以减小胃口，但要记住这样对你是有害的，因为这样会使大量酮体被输送进大脑，加重疲劳感并影响情绪。

# 蛋白质

让我们从驳斥另一个误区开始：蛋白质并不能让你变得更强壮，运动才可以。像“蛋白质”和“氨基酸”这样的词，总是有一种神奇的光环，被认为是肌肉组织的神秘成分。其实，它们没那么神秘。

蛋白质在身体里有许多不同的角色。它们有助于新的肌肉生长，能修复因运动而受到压力的肌肉，促进头发和指甲的生长，也是免疫系统的动力。最重要的是，它们有助于红细胞的代谢。以蛋白质为基础的饮食是无用的。喝蛋白质奶昔，吃太多的蛋白质，或者用鸡胸肉填饱自己，这些都会导致不良的结果。摄入过量蛋白质可能是无用的，甚至会适得其反。身体只能储存一定数量的蛋白质或氨基酸，如果超过这个量，它们要么在身体力竭时燃烧以获得能量，要么以糖原或脂肪的形式储存起来。（和碳水化合物相比，这算很少的能量。）如果你的饮食中含有过多的蛋白质，你会面临两个主要的问题。

1.它会阻止你摄入适量的碳水化合物，降低你肌肉中储存的能量。

2.它会分解成尿素，一种要通过尿液排出体外的有机化合物。吃太多蛋白质的人需要增加他们的液体摄入量，以尽可能多地排出尿素，从而导致频繁地上厕所。

摄入过多的蛋白质，会增加摄入过多脂肪的机会（通过肉类和调味品），身体会储存这些脂肪。每位运动员所能消化的蛋白质量各不相同，根据经验，为每天每公斤体重1.2~1.6克。这通常少于你每天从肉类、鱼类、奶制品或豆类中摄入的蛋白质的量，理想的摄入量是每天150~200克，再加上每天从两份低脂奶制品（牛奶、酸奶和干酪）中获得的蛋白质。

肉可分为3种：白肉、红肉和鱼肉。在你的每周计划里，理想的运动饮食应该包括各种肉类。

- 鱼类是最好的选择，因为它含有的脂肪是不饱和脂肪酸（还含有著名的ω-3），因此相比于肉类和奶制品中常见的饱和脂肪是更好的选择。
- 白肉比红肉更可取，因为它通常含有较少的脂肪（最好是鸡胸肉、剥掉皮的腿肉和鸡腿）。
- 瘦红肉虽然不是最健康的选择，但每周也应该吃三四次。因为红肉含有铁和锌，铁是血红蛋白的重要组成部分，血红蛋白是一种将氧气输送到肌肉和大脑的蛋白质。如果身体缺少适量的铁，就会感到疲惫。锌是一种矿物质，运动时，它在去除肌肉中的二氧化碳方面起了很大的作用。比较好的红肉是鹿肉，因为它含有较少的饱和脂肪。

日常饮食可选择食用低脂奶制品。半脱脂牛奶和酸奶接近理想的摄入量百分比（它们含有40%的碳水化合物，35%的蛋白质，25%的脂肪），因此是一种完美的零食。这是一种简单的补充蛋白质的方法，同时也提供维生素D和钙，以及适量的钾、磷和核黄素。钾和磷可以帮助身体里的钙代谢，从而增强骨骼，而核黄素是一种维生素，可以帮助身体将食物转化为能量。

# 常见蛋白质种类

1 优先选择食用鱼肉，其次是其他白肉和红肉，但要确保每周食用3种肉。

2 每餐中都要有蛋白质。

3 可以在食物中找到所需要的所有蛋白质——不需要食用蛋白质奶昔、能量棒或药片。

4 保证每天至少吃1次低脂奶制品，最好是每天2次。

5 不要过多摄入蛋白质，并没有什么效果。

# 脂肪

在饮食中，脂肪和其他食物元素一样重要。脂肪有助于体温的调节，有助于皮肤和头发的健康，并为内脏提供安全保护层。

最重要的是要知道吃什么样的脂肪，吃多少。脂肪可分为硬脂肪和软脂肪。硬脂肪是以肉、猪油、鸡皮或黄油的形式出现的脂肪，而软脂肪是以橄榄油或菜籽油的形式出现的，饮食中应该多食用软脂肪。

正如前面提到的，由脂肪提供的热量应该占饮食的20%。切记一定要远离氢化反式脂肪，这是一种非常不健康的化学合成物，是单一不饱和脂肪及多元不饱和脂肪氢化过程中氢化反应不能完全进行而形成的。

在休息期不要害怕吃脂肪。许多人认为，如果不运动，肌肉就会变成脂肪，就会增重，这是不对的。肌肉和脂肪是身体的两个不同的组成部分，只有摄入量超过脂肪燃烧产生的能量才会增加体重，按前面提到的进食量，这是不可能的。

在健身房里，会看到有人在折磨他们的腹部，希望通过过度锻炼最接近腹肌的部位来减掉大肚腩。可是只有通过全身锻炼、消耗热量，才能减掉多余的脂肪。我们这样说吧：如果想减肥，就需要增加肌肉（全身的肌肉），因为更多的肌肉消耗更多的热量。不要试图通过过度锻炼某个特定部位减肥，这是没有用的。

请记住，脂肪使食物更有滋味，有助于打开味蕾。在努力执行运动饮食计划时，请加入适量的健康脂肪，并尽量享受它吧！

# 常见脂肪种类

**1** 橄榄油是单一不饱和脂肪，是最好的选择。尽量买未加工过的橄榄油，用它来烹制食物。理想的量是每顿饭两汤匙左右。

**2** 坚果——像核桃、杏仁、开心果、夏威夷果、巴西坚果、松仁、橄榄也是摄入脂肪的好选择。它们的大小和脂肪的含量都不一样，所以称重坚果重量是很重要的，这样你就可以知道你大概需要多少。例如，腰果、花生、杏仁、松仁，每餐需要9克，而核桃、夏威夷果、榛子、山核桃和开心果，通常每餐需要7~8克。牛油果和橄榄可以多吃一点（牛油果约18克，橄榄约30克）。

**3** 鱼油也是很好的选择，因为它含有丰富的健康脂肪。然而，很多人不喜欢这种味道，因为它而浪费一整顿饭就太可惜了。

# 液体

水是生命的基础。身体大部分是由液体组成的，任何体液的流失都必须得到迅速的补充。

水的作用：

- 它能保持血液的正常流动，有助于输送氧气、葡萄糖和脂肪，同时消除二氧化碳和乳酸。
- 它可以保持体温，在身体过热的时候，通过吸收肌肉中的热量而出汗，从而降低血液及皮肤温度，不使器官过热，这样有助于保持身体凉爽。

口渴是我们身体觉察到缺水时最常见的感受，它让我们意识到我们需要补充水分恢复平衡。然而，在运动时，情况就会变得复杂。

在锻炼的时候，有很多变量需要考虑。例如，准备的程度、天气、对目标的专注、良好的训练状态，或者正是因为身体里的水，才不觉得热。但请记住，在运动的时候，当身体失去了大约1%的液体时，大脑会提示“口渴”，然而此时再给自己补充水分可能就太晚了。这时，心跳会过速，燃烧过多的糖原。如果身体失去2%的液体，就会处于脱水状态。当失去3%的液体时，继续锻炼，就可能会对身体有害。

补充水分的秘诀就是要像规划饮食一样，按计划饮水。评估整个训练过程中损失的液体量，在训练前和训练后饮水前称重，两者的差值就是损失的液体量。尿液应该一直是淡黄色的，如果尿液颜色变深或者浓度变大，就意味着代谢废物太多，而水相对较少。

如果缺水，身体需要在8~12小时前补充水分才能完全恢复，所以在日常生活和训练中都要计划好饮水量。出汗不仅会失去液体，还会失去诸如镁、钾、钠和钙等电解质。

在训练之前一定要补充充足的水分，按每公斤体重饮用5~8毫升水计算。可以在饮料中加入少量食盐，或者选择含钠的饮料，因为钠有助于保持体内的水分。

如果需要快速补充水分进行第二次训练（在第一次训练后的12小时内），可以在训练后的食物和饮料中加入钠。比运动中损失的液体量多饮用30%~50%的水就可以使身体补充充足的水分。

尽量避免饮酒。酒精极易引起脱水，因为它是一种强有力的利尿剂，会使身体丢失更多液体。还要记住，酒精是一种抑制剂，它在抑制情绪的同时会降低运动表现。

# 赛前及赛后的规划

## 在比赛之前

在比赛的前几天，训练应该逐渐减少（参考第136页），这是因为肌肉需要时间从训练中恢复。在这段时间里，减少训练负荷的时间，应该重建肌肉中的糖原储备，补充水分，补充蛋白质修复肌肉。

把赛前训练当成比赛前的最后一次训练。有些人认为比赛前一天晚上用面条填饱肚子就足够了，事实并不是这样，比这要复杂得多。

在训练期间，肌肉学会储存大量的糖原，以便在每次训练中都有良好的储备。如果知道方法的话，越训练肌肉，就能储存越多的糖原。

赛前一两周起，每天逐渐增加大约100克的碳水化合物。比赛的前一天，要从早餐开始就补充碳水化合物。

每个运动员对比赛的反应都是不同的。有些人在前一天晚上吃顿丰盛的晚餐没有问题，但有些人会因为兴奋或担心而影响消化。因此，要从前一天早餐开始给自己补充碳水化合物。

而且，如果吃晚饭，要摄入尽量多的碳水化合物种类。面条本身就可以起到作用，但要记住，水果和蔬菜含有缓慢释放糖的碳水化合物，它们会帮助你在第二天保持耐力。避免食用麦麸或任何你知道可能导致胃部不适的东西。

与其他大多数运动相比（比如跑步），骑行是一项很好的运动，因为骑行携带液体和食物容易得多，车手无须停下来补充水分和食物。在训练时，要提前计划好需要携带的水和食物。

比赛当天早上，根据比赛开始的时间，可以遵循以下几点方法。

- 确保早上醒来时保持适当的液体平衡，这可以很容易地通过尿液的颜色来判断。
- 喝一大杯水并吃早餐，如果比赛时间较早而不能吃早餐，那么一定要在比赛前1小时摄入一些碳水化合物。这会使肝脏在整个比赛过程中都能产生足够的糖分，并将其输送到大脑。
- 在比赛前1~2小时喝水，这样你就可以在比赛开始前把多余的水排出体外。

## 在比赛结束后

在比赛结束后，身体需要恢复糖原和液体平衡。好好利用赛后的第一个小时，这是身体吸收营养的最好时期。

含有少量蛋白质的碳水化合物是最好的选择，既可以将糖原送到肌肉，同时又可以减少皮质醇的释放。皮质醇是一种在运动中分解肌肉的激素。

根据距离下一场比赛的时间长短，你需要找到正确的方法来完全恢复肌肉和液体。

不同的运动员根据自己的经验，选择不同的解决方案，最主要的

是制订一个好的营养计划。如果要参加一系列比赛，那就需要从前一周开始计划饮食，以便在赛事之间快速恢复。

如果要完成两个连续的赛事，为了在第一次比赛后身体状态能马上恢复，用高GI的碳水化合物和液体补充，不仅可以恢复液体，还可以恢复电解质（一些运动饮料可以做到这一点）。尽量多喝水，根据尿液的颜色来判断补充液体的情况，并在运动后比较体重。如果碰巧两天要完成多场比赛，请记住，低GI碳水化合物对于长期补充体能更有效。

如果比赛后有恢复的时间（1周），那就慢慢地调整液体平衡，一点点补充碳水化合物及蛋白质。简单地说，可以按照赛前的饮食计划重新开始。

# 食谱

## 燕麦、意大利乳清干酪和开心果

成分

- 50克燕麦片
- 140 克意大利乳清干酪
- 8~10 个去壳开心果
- 少量的盐或蜂蜜

**准备工作：**根据自己喜欢的浓度用水煮燕麦片。将煮熟的燕麦片、意大利乳清干酪和开心果混合装在碗里，依据个人口味加入少许盐或半匙蜂蜜。这是一种完美的、均衡的零食，它将蛋白质、碳水化合物和脂肪结合在了一起。

## 蓝莓核桃干酪

成分

- 220克蓝莓
- 1匙果糖
- 70克低脂干酪
- 3个核桃

**准备工作：**在平底锅中小火加热蓝莓，加入果糖和少量水，然后轻轻搅拌，直到蓝莓变软。把干酪放在碗里，把蓝莓倒在上面，撒上碎核桃，就是一份完美的零食。

## 塞馅鱿鱼

成分

- 1 只大鱿鱼(处理后200克，保留触须)
- 2 匙切碎的欧芹和少许切碎的大蒜
- 250克新鲜的全麦面包或全麦面包屑
- 30克磨碎的帕玛森干酪
- 1 匙橄榄油

**准备工作：**保持鱿鱼完整。填充物：将触须剁碎，加入欧芹、大蒜、新鲜面包屑和帕玛森干酪，放入碗中。用手碾碎混合物，并根据需要加入水和橄榄油。用填充物装满鱿鱼，然后用牙签把它封起来。把它放进烤箱烤30分钟，用剩下的酱料涂抹鱿鱼。再配上沙拉或一份切好的水果。

## 无油版佛罗伦萨蛋

**成分**

- 300克菠菜
- 白葡萄酒醋
- 35克白干酪
- 2片烤好的全麦面包
- 2个水煮蛋
- 盐和胡椒调味
- 磨碎的帕玛森干酪或切碎的软车达干酪

**准备工作：**将菠菜煮至微软。将一匙醋和白干酪混合，搅拌。把菠菜放在两片烤面包上。将煮熟、沥干的水煮蛋放在菠菜上面，然后把之前搅拌好的奶酪倒在鸡蛋上。撒上盐、胡椒和磨碎的帕玛森干酪和切碎的软车达干酪。

## 香辣燕麦配烤鸡胸肉（或鹿排）

**成分**

- 3匙橄榄油
- 1/2个红皮洋葱
- 少许辣椒粉、少许红辣椒、1片月桂叶
- 1瓣大蒜
- 350克生燕麦（谷物）
- 烤鸡胸肉或120克鹿排
- 欧芹

**准备工作：**在锅里加入橄榄油和3匙水。将洋葱切碎，放入油水中，加入辣椒粉、红辣椒、月桂叶和大蒜，熬煮至金黄色。加入燕麦，稍微翻炒几下，然后加水，煮30分钟。煮的同时，烤制鸡胸肉或鹿排。最后撒上一点切碎的欧芹。

# 训练方案

// 制订计划 // 赛前训练 // 准备比赛

# 基础原则

这是一项为期20周的训练计划，专为国际水平的优秀业余自行车选手设计。如果你是此级别的运动员，它将适用于你，让你为迎接充满挑战的赛季做好准备。开始这项训练计划的时间取决于比赛季何时开始。

本方案遵循周期化的原则，根据训练阶段的不同，系统地制订不同的训练数量、强度和恢复时间。如果你只参加过几年的比赛，或者只想在全国范围内参加比赛，那么你的训练量可减少30%~40%。同样的情况也适用于那些想要参加全国和国际最高水平比赛的年轻自行车手（16~18岁）。如果你有很多工作、学业或家庭事务，且刚刚开始参加比赛，或者你只想在地区层面上参加比赛，应该再减少10%~15%的训练量。

用心率监测器或更好的功率计来控制强度、踏板节奏和时间。速度不是一个重要的考虑因素，因为速度取决于训练的地形、个人能力和周围环境，因此，训练方案应基于时间而不是距离。永远不要成为训练计划的奴隶。如果受伤或生病，特别是发热，不要坚持训练计划。一旦身体康复，应在几天甚至几周内逐渐恢复训练量。

记住，你在竞争中取得的成功来自训练和恢复二者正确的组合，而不是日复一日地增加训练的距离。别忘了在长途骑行中经常吃点东西。你应该随身携带足够的食物和饮料——忽视这一点可能会导致饿得眼冒金星，并感到虚脱。这些都是“撞墙期”的典型症状，应该不惜一切代价避免。

记住，如果你对自己的健康有任何疑问，在开始训练计划之前，一定要和医生确认一下。

**逐渐减量的重要性**

目标是逐渐减少直至消除训练引起的疲劳，同时保持甚至是升级训练相关的适应能力。这是一个训练期的最后一部分，在这个赛季的一个重要比赛项目之前进行，可以帮助你避免过度训练。其目的是恢复新鲜感，减少日常训练的生理和心理压力，优化比赛成绩。

在游泳方面有开创性研究的运动科学家戴夫·科斯蒂尔（Dave Costill）表示，当游泳运动员在15天内大量减少平时的训练负荷，从每天9 144米减少到更温和的每天2 926米，每天空余时间增加了近4%，然而他们的手臂力量增长了接近25%。

毫无疑问，减量是有益的，但关于如何成功地计划和实施逐渐减量的技术，仍有争论。一些运动员认为，这是一个放松的时期，作为一种简单的训练，他们不会改变他们的训练量或频率，但会减少大部分紧张的工作。

这项运动中的每一位运动员都有自己的身体和情感需求，所以实施正确的减量技术仍然是一个独立的问题。然而，有些影响因素适用于每个人，下面列出了这些影响因素：

- 减量的主要目的是减少重要比

赛训练中产生的生理疲劳。

- 对于车手来说，逐渐减量的时间段从最少4天到最多10天不等，这取决于个人和训练的类型。
- 坚持骑行。不要只是躺在沙发上休息。训练量应该逐步减少到30%~40%的骑行距离。
- 保持一定的训练强度是必要的，这会让身体在训练期间达到并保持平衡。即使在训练量减少的情况下，也应该保持平均训练节奏和强度。更高强度的训练保证了处理肌酶的能力。快速骑术也意味着神经肌肉系统在需要的时候会习惯性快速运转起来。
- 根据训练习惯和表现，每周的训练频率应保持不变。在某些情况下，适当休息一天或几天是很有帮助的。这种类型的减量之所以有效，是因为它结合了休息和强度。它允许恢复，但仍然鼓励加速。

## 建立你的训练计划

### 循序渐进

1. 进步是一个关键要素。计划必须以一种身体能适应的、训练强度和数量逐渐增加的方式进行。
2. 训练计划应该是为了达到目标活动的高峰而设计的。
3. 经过两周的训练量和强度的增加，应该允许身体在第三周适应训练。恢复周能让你重新获得能量和力量，并在精神上和身体上为下一个“负荷模式”做好准备。它还有助于防止过度训练。当你在没有充分恢复的情况下骑了很久，这种情况就会发生——你觉得你努力训练应该让你变得更好，最后却发现自己变得更糟。

### 系统结构

1. 训练计划的稳定性是另一个关键要素。要想取得进步，必须在很长一段时间里坚持每周3~4次骑行。
2. 使用心率和脚踏式监视器控制训练强度。功率测量装置可以让你更好地控制强度。
3. 你的训练计划的特殊之处在于这是根据你的需要量身定做的。特异性原则显示，如果你想要擅长某件事，就需要身体力行去做这件事。所以，想在计时赛时超越你的朋友，没有必要不断增加自行车骑行的距离。
4. 训练计划之间的恢复期对于改善身体状况至关重要。

### 周期化

训练年（大周期）分为不同的时间段（中周期），每个周期有不同的目标和活动，然后进一步划分为每周训练周期（微周期）。在每一段时间内，都要试图控制训练量、强度、频率和技能，以引导自己走向巅峰状态。中周期有：

1. 基础阶段。训练主要是基于低强度的有氧运动；你将在一级花费大部分时间（参考第142~145页的训练强度等级）。锻炼量会逐渐增加，但仍然相对较低，以帮助你在自行车和自由重量机器上进行阻力训练。并且你应该每周花3天时间在健身房训练。交叉训练可以作为额外的元素进行整合，以保持高水平的有氧训练及上身和躯干的力量。这一时期通常持续到训练周期的前6周。
2. 准备阶段。在这段时间里，可以明显地增加锻炼量。强度更倾向于二级和三级（参

考第142~145页的训练强度等级）。你可以跳过交叉训练，在健身房进行阻力训练的时间从3天减少到2天。这一时期是训练周期的下一个6周。

3.专业化阶段。这是你达到最佳状态之前的最后阶段。此时，针对比赛的训练开始进入你的训练中。训练必须是针对比赛需求而特殊要求的，并且不再只专注于开发有氧系统。在踏板车或摩托车后面维持特定高速协调的训练课程变得越来越重要。每周应该有2天在健身房进行阻力训练，这个阶段持续1个月。

4.比赛阶段。当进入这个阶段时，你应该有一个完美的基本条件。一个赛季最重要的比赛时间长短不一，但对于一个业余的精英自行车手来说，它可以持续几个月。在这么长的一段时间内，你不可能一直保持最高的水平。出于这个原因，你应该在达到峰值后安排几个恢复阶段。然后再开始重建，并“调整”状态。你应该每周至少有1天的时间来进行力量训练，以维持在健身房里冬季训练计划的优势。

5.过渡阶段。这一阶段始于本赛季的最后一场比赛结束，持续1个月。经过一整季的艰苦训练和比赛后，你真的需要一段时间来恢复精神和体力。虽然你应该大大减少每天的骑行距离和强度，但仍然要保持与骑行道路的联系，不要完全不骑车！

# 训练强度的等级

**耐力**

如果你想成为一名成功的道路自行车手，每周必须进行一段距离的耐力训练。可以通过增加有氧运动来增强耐力。耐力训练是一种基本训练，它可以改善有氧系统，使长时间骑行时感到轻松自在，而不会消耗所有的能量。

如果只做耐力训练，就不会拥有足够的爆发力和速度，从而能成功磨炼，追逐突破、攻克短而陡峭的山坡，或者在比赛中冲到终点线。

各种因素，如季节、目标、能力、计划、天气、环境等，都会影响车上的总公里数。一般情况下，最长的时间不会超过计划距离的110%。

不要觉得骑太快就可以达到预期的效果，应保持你最高心率的60%~80%，或者保持在无氧阈上力量的40%~90%。用心率监测器和（或）功率测量装置控制强度。

**一级，缓慢（S）**

这一水平速度缓慢，是每一项训练方案的基础。它会增强整体的抗阻能力，并让你习惯长时间待在自行车上。你必须把大部分的训练时间花在这一强度区。高强度训练后，这一训练强度对于积极恢复至关重要。

对于业余爱好者来说，这个项目的骑行时间，强度1~5小时不等。骑行者有时在这种强度下，骑行达7小时。这种训练强度是最高心率的65%~80%或在无氧阈上力量的40%~70%。

每周至少进行一次一级水平的长时间骑行，目的是使身体系统达到以下几点：

1.提高身体脂肪代谢的能力，这对长距离骑行是有利的。
2.改善循环系统（提供血液沿着动脉和静脉流动的力量，从肺输送氧气到组织中，去除从各组织到肺和肾脏的废物，给细胞带来新的血液和氧气/燃料）。
3.此外，这种低强度水平提高了神经肌肉的运作效率，因此其对于提高基本技能、调整骑行技术，使身体能长时间适应坐在车座上是非常理想的。在一级水平训练中，在平坦的道路上使用90~100转/分的高频率踩踏来促进流畅和高效的蹬踏水平。

**二级，中等（M）**

此水平速度中等，训练强度是决定你负重骑行表现的主要生物机制强度。对身体来说，这个阶段比一级水平具有挑战性。这个阶段可增强耐力，特别是在努力骑行下优化能量代谢的能力。

如果没有适当的二级训练负荷（量），持续的进步是不可能的。大多数的高速旋转和上坡的具体训练都是在二级范围内进行的。二级的训练强度包括

1~2小时的骑行，达到最高心率的80%~90%，无氧阈上力量的70%~90%。呼吸频率变得更有节奏感，明显更深。交谈是可能的，但频繁的停顿在恢复呼吸模式中是必要的。目的是：

1. 改善呼吸系统，为循环系统带来更多的氧气。
2. 提高身体使用脂肪作为燃料来源的能力，而不只是使用重要的碳水化合物储备。
3. 迫使身体不断地募集尽可能多的肌肉纤维，以获得足够的肌肉糖原供应。

### 速度训练

速度训练是三级水平强度。假如你已经有适当的有氧运动基础，建立起了合理的耐力训练，速度训练就可能是你自行车训练中所需要的。

### 三级，速度（T）

此水平速度较高，比二级强度更进一步。三级水平的强度接近最高心率的90%~95%或在无氧阈上力量的90%~100%，并且有波动。这个水平训练的目的是逐渐提高无氧阈，避免过多的乳酸量。此级别的训练通常只能持续40分钟。

这种训练可以用两种方法进行，短时间隔20~180秒，长时间隔3~20分钟（有氧训练），它可以非常有效地在一个测力仪上执行，特别是在寒冷的冬季和不能适应高原环境时。三级训练需要高度集中，心理上要求很高。

- 三级训练会给身体为工作中的肌肉提供氧气的能力带来很大的负担。
- 同样重要的是，它强调对因肌肉高效率工作引起的疲劳的控制机制。
- 三级训练将使身体适应大多数比赛中能遇到的体力负荷。

### 间隔训练

### 四级，最大（MX）

这一水平的速度很高。四级训练是基于艰苦训练和恢复之间不断重复的间隔，接近最高心率。四级高强度训练的间隔期训练强度超过你的临界阈值，所以在你身上稳态的运动是不可能的。

这种训练的目的是提高身体在氧气不能很快送到肌肉细胞的强度水平上工作的能力。细胞会使用它们储存的燃料，而不是由血液输送的氧气。这会导致乳酸的蓄积，并开始使肌肉纤维疲劳。四级训练是生理和心理上要求最高的训练形式，但它不能取代二级和三级的耐力训练。

# 训练方案

第1周训练计划（基础阶段第1周）

| 日 | 训练内容 | 强度水平 | 时间 | 力量训练 |
|---|---|---|---|---|
| 周一 | 力量训练后灵活度的恢复；踏板节奏95~110转/分 | 1级 | 1小时 | 有 |
| 周二 | 2×（5~10）分钟二级耐力训练；踏板节奏，上坡80~90转/分，平地90~100转/分 | 1~2级 | 2小时 | |
| 周三 | 力量训练后灵活度的恢复；踏板节奏100~110转/分 | 1级 | 1小时 | 有 |
| 周四 | 休息 | | | |
| 周五 | 力量训练后灵活度的恢复；踏板节奏90~100转/分 | 1级 | 1小时 | 有 |
| 周六 | 3×7分钟二级耐力训练。专注于保持高频次的踏板节奏，上坡80~90转/分，平地100转/分 | 1~2级 | 3小时 | |
| 周日 | 离开公路自行车的耐力训练（山地自行车、徒步旅行、跑步、越野滑雪） | 1~2级 | 2~2.5小时 | |

第2周训练计划（基础阶段第2周）

| 日 | 训练内容 | 强度水平 | 时间 | 力量训练 |
|---|---|---|---|---|
| 周一 | 力量训练后灵活度的恢复；踏板节奏95~100转/分 | 1级 | 1小时 | 有 |
| 周二 | 5个20秒下坡冲刺和2×10分钟二级耐力训练；踏板节奏，上坡60~70转/分，平地95~100转/分 | 1~2级 | 2.5小时 | |
| 周三 | 力量训练后灵活度的恢复；踏板节奏90~100转/分 | 1级 | 1小时 | 有 |
| 周四 | 休息 | | | |
| 周五 | 力量训练后灵活度的恢复；踏板节奏90~100转/分 | 1级 | 1小时 | 有 |
| 周六 | 3×10分钟二级耐力训练。专注于保持高频次的踏板节奏，上坡80~90转/分，平地100转/分 | 1~2级 | 3.5小时 | |
| 周日 | 离开公路自行车的耐力训练（山地自行车、徒步旅行、跑步、越野滑雪），短时间1~3分钟的三级速度训练 | 1~3级 | 3小时 | |

第3周训练计划（基础阶段第3周）

| 日 | 训练内容 | 强度水平 | 时间 | 力量训练 |
|---|---|---|---|---|
| 周一 | 力量训练后灵活度的恢复；踏板节奏95~110转/分 | 1级 | 1小时 | 有 |
| 周二 | 简单的耐力训练；踏板节奏85~100转/分 | 1级 | 1.5小时 | |
| 周三 | 力量训练后灵活度的恢复；踏板节奏100~110 转/分 | 1级 | 0.5小时 | 有 |
| 周四 | 休息 | | 1小时 | |
| 周五 | 力量训练后灵活度的恢复；踏板节奏90~100转/分 | 1级 | 2.5小时 | 有 |
| 周六 | 3×5分钟二级耐力训练。专注于保持高频次的踏板节奏，上坡80~90转/分，平地100转/分 | 1~2级 | 2小时 | |
| 周日 | 离开公路自行车的耐力训练（山地自行车、徒步旅行、跑步、越野滑雪） | 1~2级 | 3小时 | |

**第4周训练计划**（基础阶段第4周）

| 日 | 训练内容 | 强度水平 | 时间 | 力量训练 |
|---|---|---|---|---|
| 周一 | 力量训练后灵活度的恢复；踏板节奏95~100转/分 | 1级 | 1小时 | 有 |
| 周二 | 5个20秒二级下坡冲刺和3×10分钟二级耐力训练；踏板节奏，上坡60~70转/分，平地95~100转/分 | 1~2级 | 3小时 | |
| 周三 | 力量训练后灵活度的恢复；踏板节奏90~100转/分 | 1级 | 2小时 | 有 |
| 周四 | 休息 | | | |
| 周五 | 力量训练后灵活度的恢复；踏板节奏100~110转/分 | 1级 | 2小时 | 有 |
| 周六 | 5个20秒二级下坡冲刺，3×12分钟二级耐力训练和1分钟三级训练。专注于保持高频次的踏板节奏，上坡80~90转/分，平地100转/分 | 1~3级 | 3.5小时 | |
| 周日 | 离开公路自行车的耐力训练（山地自行车、徒步旅行、跑步、越野滑雪），短时间1~3分钟的三级速度训练 | 1~3级 | 3.5小时 | |

**第5周训练计划**（基础阶段第5周）

| 日 | 训练内容 | 强度水平 | 时间 | 力量训练 |
|---|---|---|---|---|
| 周一 | 力量训练后灵活度的恢复；踏板节奏95~110转/分 | 1级 | 2小时 | 有 |
| 周二 | 6个20秒下坡冲刺和4×10分钟二级耐力训练；踏板节奏，上坡60~70转/分，平地95~100转/分 | 1~2级 | 3.5小时 | |
| 周三 | 力量训练后灵活度的恢复；踏板节奏90~100转/分 | 1级 | 1小时 | 有 |
| 周四 | 休息 | | | |
| 周五 | 力量训练后灵活度的恢复；踏板节奏100~115转/分 | 1级 | 2小时 | 有 |
| 周六 | 6个20秒二级下坡冲刺，3×15分钟二级耐力训练和1分钟三级训练。专注于保持高频次的踏板节奏，上坡80~90转/分，平地100转/分 | 1~3级 | 4小时 | |
| 周日 | 离开公路自行车的耐力训练（山地自行车、徒步旅行、跑步、越野滑雪），短时间1~3分钟的三级速度训练 | 1~3级 | 4小时 | |

**第6周训练计划**（基础阶段第6周）

| 日 | 训练内容 | 强度水平 | 时间 | 力量训练 |
|---|---|---|---|---|
| 周一 | 力量训练后灵活度的恢复；踏板节奏95~110转/分 | 1级 | 1小时 | 有 |
| 周二 | 简单的耐力训练；踏板节奏85~100转/分 | 1级 | 2小时 | |
| 周三 | 力量训练后灵活度的恢复；踏板节奏100~110转/分 | 1级 | 0.5小时 | 有 |
| 周四 | 休息 | | | |
| 周五 | 力量训练后灵活度的恢复；踏板节奏90~100转/分 | 1级 | 1小时 | 有 |
| 周六 | 3×5分钟二级耐力训练。专注于保持高频次的踏板节奏，上坡80~90转/分，平地100转/分 | 1~2级 | 2.5小时 | |
| 周日 | 离开公路自行车的耐力训练（山地自行车、徒步旅行、跑步、越野滑雪） | 1~2级 | 2.5小时 | |

第7周训练计划（准备阶段第1周）

| 日 | 训练内容 | 强度水平 | 时间 | 力量训练 |
|---|---|---|---|---|
| 周一 | 力量训练后灵活度的恢复；踏板节奏95~110 转/分 | 1级 | 1.5小时 | 有 |
| 周二 | 间歇性有氧力量训练：2组10×20秒三级强度水平和40秒1~2级强度水平的上坡训练。踏板节奏在三级强度时为40~70转/分，而在1~2级强度时为50~70转/分。每组间有10分钟的一级强度放松训练。三级训练强度的功率水平应该增加到无氧阈功率的200%。但是心率不能超过无氧阈！然后在（52~53）×14的平坦马路上进行两组3×15秒最大速度的冲刺。每组冲刺之间有5分钟的运动恢复时间（一级强度），两组冲刺之后有10分钟恢复时间。当骑行速度达到20千米/时时换挡 | 1~4级 | 3小时 | |
| 周三 | 耐力训练：3×15分钟的二级强度水平训练和3分钟的三级强度水平训练。交替进行5分钟踏板节奏为60转/分和5分钟节奏为90转/分的练习。两组上坡，一组平地（3分钟90转/分的三级强度训练） | 1~3级 | 3.5小时 | |
| 周四 | 休息 | | | |
| 周五 | 力量训练后灵活度的恢复；踏板节奏100~115转/分 | 1级 | 1.5小时 | 有 |
| 周六 | 间歇性有氧力量训练：2组10×20秒三级强度水平和40秒1~2级强度水平的上坡训练。踏板节奏在三级强度时为40~70转/分，而在1~2级强度时为50~70转/分。两组间有10分钟的一级强度放松训练。三级训练强度的功率水平应该增加到无氧阈功率的200%。但是心率不能超过无氧阈！然后在（52~53）×14的平坦马路上进行两组3×15秒最大速度的冲刺。每组冲刺之间有5分钟的运动恢复时间（一级强度），两组冲刺之后有10分钟恢复时间。当骑行速度达到20千米/时时换挡 | 1~4级 | 3.5小时 | |
| 周日 | 耐力训练：6组20秒的下坡冲刺训练，3×15分钟的二级强度水平训练和3分钟的三级强度水平训练。专注于保持高频次的踏板节奏，上坡80~90转/分，平地100转/分 | 1~3级 | 4小时 | |

第8周训练计划（准备阶段第2周）

| 日 | 训练内容 | 强度水平 | 时间 | 力量训练 |
|---|---|---|---|---|
| 周一 | 力量训练后灵活度的恢复；踏板节奏95~110 转/分 | 1级 | 1.5小时 | 有 |
| 周二 | 间歇性有氧力量训练：3组10×20秒三级强度水平和40秒1~2级强度水平的上坡训练。踏板节奏在三级强度时为40~70转/分，而在1~2级强度水平时为50~70转/分。每组间有10分钟的一级强度放松训练。三级训练强度的功率水平应该增加到无氧阈功率的200%。但是心率不能超过无氧阈！然后在（52~53）×14的平坦马路上进行两组3×20秒最大速度的冲刺。每组冲刺之间有5分钟的运动恢复时间（一级强度），两组冲刺之后有10分钟恢复时间。当骑行速度达到20千米/时时换挡 | 1~4级 | 3小时 | |
| 周三 | 耐力训练：3×20分钟的二级强度水平训练和3分钟的三级强度水平训练。交替进行5分钟踏板节奏为60转/分和5分钟踏板节奏为90转/分的练习。两组上坡，一组平地（3分钟90转/分的三级强度训练） | 1~3级 | 4小时 | |
| 周四 | 休息 | | | |
| 周五 | 力量训练后灵活度的恢复；踏板节奏100~115转/分 | 1级 | 1.5小时 | 有 |
| 周六 | 间歇性有氧力量训练：3组10×20秒三级强度和40秒1~2级强度水平的上坡训练。踏板节奏在三级强度时为40~70转/分，而在1~2级强度时为50~70转/分。每组间有10分钟的一级强度放松训练。三级训练强度的功率水平应该增加到无氧阈功率的200%。但是心率不能超过无氧阈！然后在（52~53）×14的平坦马路上进行两组3×20秒最大速度的冲刺。每组冲刺之间有5分钟的运动恢复时间（一级强度），两组冲刺之后有10分钟恢复时间。当骑行速度达到20千米/时时换挡 | 1~4级 | 3.5小时 | |
| 周日 | 耐力训练：6组20秒的下坡冲刺训练，3×15分钟的二级强度水平训练和3分钟的三级强度水平训练。专注于保持高频次的踏板节奏，上坡80~90转/分，平地100转/分 | 1~3级 | 4.5小时 | |

**第9周训练计划**（准备阶段第3周）

| 日 | 训练内容 | 强度水平 | 时间 | 力量训练 |
|---|---|---|---|---|
| 周一 | 简易耐力训练；踏板节奏80~90转/分 | 1级 | 1.5小时 | 有 |
| 周二 | 在实验室或运动场进行乳酸阈值的测试 | 1~4级 | 1小时 | |
| 周三 | 3×10分钟的二级强度水平耐力训练。专注于保持高频次的踏板节奏，上坡80~90转/分，平地100转/分 | 1~3级 | 2.5小时 | |
| 周四 | 休息 | | | |
| 周五 | 力量训练后灵活度的恢复；踏板节奏在100~115转/分 | 1级 | 1小时 | 有 |
| 周六 | 间歇性有氧力量训练：3组5×20秒三级强度水平训练和40秒1~2级强度水平的上坡训练。踏板节奏在三级强度时为40~70转/分，而在1~2级强度时为50~70转/分。每组间有10分钟的一级强度放松训练。三级训练强度的功率水平应该增加到无氧阈功率的200%。但是心率不能超过无氧阈！然后在（52~53）×14的平坦马路上进行2组3×15秒的最大速度冲刺。每组冲刺之间有5分钟的运动恢复时间（一级强度），两组冲刺之后有10分钟恢复时间。当骑行速度达到20千米/时时换挡 | 1~4级 | 2小时 | |
| 周日 | 耐力训练：3×10分钟的二级强度水平训练和1分钟的三级强度水平训练。专注于保持高频次的踏板节奏，上坡80~90转/分，平地100转/分 | 1~3级 | 2.5小时 | |

**第10周训练计划**（准备阶段第4周）

| 日 | 训练内容 | 强度水平 | 时间 | 力量训练 |
|---|---|---|---|---|
| 周一 | 力量训练后灵活度的恢复；踏板节奏95~110 转/分 | 1级 | 1.5小时 | 有 |
| 周二 | 间歇性有氧力量训练：4组10×20秒三级强度水平训练和40秒1~2级强度水平的上坡训练。踏板节奏在三级强度时为40~70转/分，而在1~2级强度时为50~70转/分。每组间有10分钟的一级强度放松训练。三级训练强度的功率水平应该增加到无氧阈值功率的200%。但是心率不能超过无氧阈！然后在（52~53）×14的平坦马路上进行2组4×20秒的最大速度冲刺。每组冲刺之间有5分钟的运动恢复时间（一级强度），两组冲刺之后有10分钟恢复时间。当骑行速度达到20千米/时时换挡 | 1~4级 | 3.5小时 | |
| 周三 | 耐力训练：3×25分钟的二级强度训练和5分钟的三级强度训练。交替进行5分钟踏板节奏为60转/分和5分钟踏板节奏为90转/分的练习。两组上坡，一组平地 | 1~3级 | 4小时 | |
| 周四 | 休息 | | | |
| 周五 | 力量训练后灵活度的恢复；踏板节奏100~115转/分 | 1级 | 1.5小时 | 有 |
| 周六 | 间歇性有氧力量训练：4组10×20秒三级强度训练和40秒1~2级强度水平的上坡训练。踏板节奏在三级强度时为40~70转/分，而在1~2级强度时为50~70转/分。每组间有10分钟的一级强度放松训练。三级训练强度的功率水平应该增加到无氧阈功率的200%。但是心率不能超过无氧阈！然后在（52~53）×14的平坦马路上进行2组4×20秒的最大速度冲刺。每组冲刺之间有5分钟的运动恢复时间（一级强度），两组冲刺之后有10分钟恢复时间。当骑行速度达到20千米/时时换挡 | 1~4级 | 4小时 | |
| 周日 | 耐力训练：6组20秒的下坡冲刺训练，3×20分钟的二级强度水平训练和3分钟的三级强度水平训练。专注于保持高频次的踏板节奏，上坡80~90转/分，平地100转/分 | 1~3级 | 4.5小时 | |

第11周训练计划（准备阶段第5周）

| 日 | 训练内容 | 强度水平 | 时间 | 力量训练 |
|---|---|---|---|---|
| 周一 | 力量训练后灵活度的恢复；踏板节奏95~110转/分 | 1级 | 1.5小时 | 有 |
| 周二 | 间歇性有氧力量训练：4组10×20秒的三级强度水平训练和40秒1~2级强度水平的上坡训练。踏板节奏在三级强度时为40~70转/分，而在1~2级强度时为50~70转/分。每组间有10分钟的一级强度放松训练。三级训练强度的功率水平应该增加到无氧阈功率的200%。但是心率不能超过无氧阈！然后在（52~53）×13的平坦马路上进行2组4×20秒的最大速度冲刺。每组冲刺之间有5分钟的运动恢复时间（一级强度），每组冲刺之后有10分钟恢复时间。当骑行速度达到20千米/时时换挡 | 1~4级 | 4小时 | |
| 周三 | 耐力训练：3×30分钟的二级强度水平训练和5分钟的三级强度水平训练。交替进行5分钟踏板节奏为60转/分和5分钟踏板节奏为90转/分的练习。两组上坡，一组平地 | 1~3级 | 4.5小时 | |
| 周四 | 休息 | | | |
| 周五 | 力量训练后灵活度的恢复；踏板节奏100~115转/分 | 1级 | 1.5小时 | 有 |
| 周六 | 间歇性有氧力量训练：4组10×20秒三级强度训练和40秒1~2级强度水平的上坡训练。踏板节奏在三级强度时为40~70转/分，而在1~2级强度时为50~70转/分。每组间有10分钟的一级强度放松训练。三级训练强度的功率水平应该增加到无氧阈功率的200%。但是心率不能超过无氧阈！然后在（52~53）×13的平坦马路上进行2组3×20秒的最大速度冲刺。每组冲刺之间有5分钟的运动恢复时间（一级强度），两组冲刺之后有10分钟恢复时间。当骑行速度达到20千米/时时换挡 | 1~4级 | 4小时 | |
| 周日 | 耐力训练：6组20秒的下坡冲刺训练，3×25分钟的二级强度水平训练和3分钟的三级强度水平训练。专注于保持高频次的踏板节奏，上坡80~90转/分，平地100转/分 | 1~3级 | 5小时 | |

第12周训练计划（准备阶段第6周）

| 日 | 训练内容 | 强度水平 | 时间 | 力量训练 |
|---|---|---|---|---|
| 周一 | 力量训练后灵活度的恢复；踏板节奏90~100 转/分 | 1级 | 1小时 | 有 |
| 周二 | 间歇性有氧力量训练：2组10×20秒的三级强度水平训练和40秒1~2级强度水平的上坡训练。踏板节奏在三级强度时为40~70转/分，而在1~2级强度时为50~70转/分。每组间有10分钟的一级强度放松训练。三级训练强度的功率水平应该增加到无氧阈功率的200%。但是心率不能超过无氧阈！然后在（52~53）×13的平坦马路上进行1组3×20秒的最大速度冲刺，每组冲刺之间有1分40秒的运动恢复（一级强度），冲刺之后有10分钟恢复时间。当骑行速度达到20千米/时时换挡 | 1~4级 | 2小时 | |
| 周三 | 耐力训练：3×10分钟的二级强度水平训练。专注于保持高频次的踏板节奏，上坡80~90转/分，平地100转/分 | 1~3级 | 2.5小时 | |
| 周四 | 休息 | | | |
| 周五 | 力量训练后灵活度的恢复；踏板节奏100~115转/分 | 1级 | 1小时 | 有 |
| 周六 | 间歇性有氧力量训练：2组10×20秒三级强度水平训练和40秒1~2级强度水平的上坡训练。踏板节奏在三级强度时为40~70转/分，而在1~2级强度时为50~70转/分。每组间有10分钟的一级强度放松训练。三级训练强度的功率水平应该增加到无氧阈功率的200%。但是心率不能超过无氧阈！然后在（52~53）×13的平坦马路上进行1组3×20秒的最大速度冲刺。每组冲刺之间有1分40秒的运动恢复（一级强度），冲刺之后有10分钟恢复时间。当骑行速度达到20千米/时时换挡 | 1~4级 | 2小时 | |
| 周日 | 耐力训练：3×10分钟的二级强度水平训练和1分钟的三级强度水平训练。专注于保持高频次的踏板节奏，上坡80~90转/分，平地100转/分 | 1~3级 | 2.5小时 | |

**第13周训练计划**（专业化阶段第1周）

| 日 | 训练内容 | 强度水平 | 时间 | 力量训练 |
|---|---|---|---|---|
| 周一 | 在健身房力量训练之后进行上坡冲刺训练：2组，5×12秒。当你骑行非常慢和换挡的时候开始练习，几乎是从静止状态开始，冲刺全程都坐在车座上直到顶点。每个艰苦的冲刺过后，使用轻松的工具来缓解肌肉紧张度2分钟，每组之间有10分钟的一级训练强度的放松 | 1~4级 | 2小时 | 有 |
| 周二 | 间歇性有氧力量训练4组：4分钟三级强度水平踏板节奏50转/分和4分钟三级强度水平踏板节奏90转/分的上坡训练。每组之间有10分钟的一级强度放松训练。然后在（52~53）×13的平坦马路上进行1组4×20秒的最大速度冲刺。每组冲刺之间有1分40秒的运动恢复（一级强度），冲刺之后有10分钟恢复时间。当骑行速度达到20千米/时时换挡 | 1~4级 | 3小时 | |
| 周三 | 耐力训练：3×30分钟的二级强度水平训练。专注于保持高频次的踏板节奏，上坡80~90转/分，平地100转/分 | 1~2级 | 4小时 | |
| 周四 | 休息 | | | |
| 周五 | 在健身房力量训练之后进行上坡冲刺训练：2组，5×12秒。当你骑行非常慢和换挡的时候开始练习，几乎是从静止状态开始，冲刺全程都坐在车座上直到顶点。每个艰苦的冲刺过后，使用轻松的工具来缓解肌肉紧张度2分钟，每组之间有10分钟的一级训练强度的放松 | 1~4级 | 2小时 | 有 |
| 周六 | 间歇性有氧力量训练4组：4分钟三级强度水平踏板节奏50转/分和4分钟三级强度水平踏板节奏90转/分的上坡训练。每组之间有10分钟的一级强度放松训练。然后在（52~53）×13的平坦马路上进行1组4×20秒的最大速度冲刺。每组冲刺之间有1分40秒的运动恢复（一级强度），冲刺之后有10分钟恢复时间。当骑行速度达到20千米/时时换挡 | 1~4级 | 3小时 | |
| 周日 | 耐力训练：3×25分钟的二级强度水平训练和5分钟的三级强度水平训练。做2组高频次踏板节奏为80~90转/分的上坡训练。在这个骑行训练的第二部分，做1组25分钟的二级强度和5分钟的三级强度的踏板车或摩托车跟车训练，踏板节奏为105~110转/分 | 1~3级 | 4.5小时 | |

**第14周训练计划**（专业化阶段第2周）

| 日 | 训练内容 | 强度水平 | 时间 | 力量训练 |
|---|---|---|---|---|
| 周一 | 简单的耐力训练 | 1级 | 1.5小时 | |
| 周二 | 在健身房力量训练之后进行上坡冲刺训练：2组，6×12秒。当你骑行非常慢和换挡的时候开始练习，几乎是从静止状态开始，冲刺全程都坐在车座上直到顶点。每个艰苦的冲刺过后，使用轻松的工具来缓解肌肉紧张度2分钟，每组之间有10分钟的一级训练强度的放松 | 1~4级 | 2小时 | 有 |
| 周三 | 耐力训练：3×20分钟的二级强度水平训练和10分钟的三级强度水平训练。交替进行5分钟60转/分和5分钟90转/分的踏板节奏训练。两组上坡，一组平地 | 1~3级 | 4.5小时 | |
| 周四 | 休息 | | | |
| 周五 | 在健身房力量训练之后进行上坡冲刺训练：2组，6×12秒。当你骑行非常慢和换挡的时候开始练习，几乎是从静止状态开始，冲刺全程都坐在车座上直到顶点。每个艰苦的冲刺过后，使用轻松的工具来缓解肌肉紧张度2分钟，每组之间有10分钟的一级训练强度的放松 | 1~4级 | 2小时 | 有 |
| 周六 | 间歇性有氧力量训练5组：4分钟三级强度水平踏板节奏50转/分和4分钟三级强度水平踏板节奏90转/分的上坡训练。每组之间有10分钟的一级强度放松训练。然后在（52~53）×13的平坦马路上进行2组3×20秒的最大速度的离座冲刺。每组冲刺之间有1分40秒的运动恢复（一级强度），两组冲刺后有10分钟恢复时间。当骑行速度达到20千米/时时换挡 | 1~4级 | 4小时 | |
| 周日 | 耐力训练：3×25分钟二级强度到10分钟三级强度再到1分钟最大强度的训练。做2组高频次踏板节奏为80~90转/分的上坡训练。在这个骑行训练的第二部分，做1组25分钟的二级强度、10分钟的三级强度和1分钟最大强度的踏板车或摩托车跟车训练，踏板节奏为105~110转/分 | 1~4级 | 5小时 | |

## 第15周训练计划（专业化阶段第3周）

| 日 | 训练内容 | 强度水平 | 时间 | 力量训练 |
|---|---|---|---|---|
| 周一 | 简单的耐力训练 | 1级 | 1.5小时 | |
| 周二 | 在健身房力量训练之后进行上坡冲刺训练：2组，8×12秒。当骑行非常慢和换挡到大齿轮的时候开始练习，几乎是从静止状态开始，冲刺全程都坐在车座上直到顶点。每个艰苦的冲刺过后，使用轻松的工具来缓解肌肉紧张度2分钟，每组之间有10分钟的一级训练强度的放松 | 1~4级 | 3小时 | 有 |
| 周三 | 耐力训练：3×20分钟二级强度到15分钟三级强度再到1分钟最大强度的训练。交替进行5分钟70转/分和5分钟100转/分的踏板节奏训练。两组上坡，一组平地 | 1~4级 | 4.5小时 | |
| 周四 | 休息 | | | |
| 周五 | 在健身房力量训练之后进行上坡冲刺训练：2组，8×12秒。当骑行非常慢和换挡到大齿轮的时候开始练习，几乎是从静止状态开始，冲刺全程都坐在车座上直到顶点。每个艰苦的冲刺过后，使用轻松的工具来缓解肌肉紧张度2分钟，每组之间有10分钟的一级训练强度的放松 | 1~4级 | 3小时 | 有 |
| 周六 | 间歇性有氧力量训练5组：4分钟三级强度水平踏板节奏50转/分和4分钟三级强度水平踏板节奏90转/分的上坡训练。每组之间有10分钟的一级强度水平的放松训练。然后在（52~53）×13的平坦马路上进行2组3×20秒的最大速度的离座冲刺。每组冲刺之间有1分40秒的运动恢复（一级强度），两组冲刺之后有10分钟恢复时间。当骑行速度达到20千米/时时换挡 | 1~4级 | 4小时 | |
| 周日 | 耐力训练：3×25分钟二级强度到10分钟三级强度再到2分钟最大强度的训练。做2组高频次踏板节奏为80~90转/分的上坡训练。在这个骑行训练的第二部分，做1组25分钟的二级强度和10分钟的三级强度训练，还有1分钟最大强度的踏板车或摩托车跟车训练；15分钟二级强度，5分钟三级强度，最后完成20秒的最大强度的冲刺训练，踏板节奏为105~110转/分 | 1~4级 | 5小时 | |

## 第16周训练计划（专业化阶段第4周）

| 日 | 训练内容 | 强度水平 | 时间 | 力量训练 |
|---|---|---|---|---|
| 周一 | 简单的耐力训练 | 1级 | 1小时 | |
| 周二 | 在健身房力量训练之后进行上坡冲刺训练：2组，4×10秒。当骑行非常慢和换挡到大齿轮的时候开始练习，几乎是从静止状态开始，冲刺全程都坐在车座上直到顶点。每个艰苦的冲刺过后，使用轻松的工具来缓解肌肉紧张度2分钟，每组之间有10分钟的一级训练强度的放松 | 1~4级 | 1.5小时 | 有 |
| 周三 | 耐力训练：3×10分钟二级强度到5分钟三级强度的训练。交替进行5分钟70转/分和5分钟100转/分的踏板节奏训练。两组上坡，一组平地 | 1~3级 | 2.5小时 | |
| 周四 | 休息 | | | |
| 周五 | 在健身房力量训练之后进行上坡冲刺训练：2组，4×10秒。当骑行非常慢和换挡到大齿轮的时候开始练习，几乎是从静止状态开始，冲刺全程都坐在车座上直到顶点。每个艰苦的冲刺过后，使用轻松的工具来缓解肌肉紧张度2分钟，每组之间有10分钟的一级训练强度的放松 | 1~4级 | 1.5小时 | 有 |
| 周六 | 间歇性有氧力量训练3组：3分钟三级强度水平踏板节奏50转/分到3分钟三级强度水平踏板节奏90转/分的上坡训练。每组之间有10分钟一级强度水平的放松训练。然后在（52~53）×13的平坦马路上进行1组3×20秒的最大速度的离座冲刺。每组冲刺之间有1分40秒的运动恢复（一级强度），冲刺之后有10分钟恢复时间。当骑行速度达到20千米/时时换挡 | 1~4级 | 2小时 | |
| 周日 | 耐力训练：3×12分钟二级强度到5分钟三级强度水平训练。做2组高频次踏板节奏为80~90转/分的上坡训练。在这个骑行训练的第二部分，做1组15分钟二级强度的踏板车或摩托车跟车训练，5分钟的三级强度，以及20秒最大强度的冲刺训练，踏板节奏为105~110转/分 | 1~4级 | 2.5小时 | |

第17周训练计划（比赛阶段第1周）

| 日 | 训练内容 | 强度水平 | 时间 | 力量训练 |
|---|---|---|---|---|
| 周一 | 简单的耐力训练；力量训练后灵活度的恢复 | 1级 | 1小时 | 有 |
| 周二 | 间歇性有氧力量训练3组：10×40秒三级强度到20秒一级强度的上坡训练。踏板节奏在三级强度时为60~90转/分，在一级强度时为60~70转/分。每组之间有10分钟的一级训练强度的放松。三级训练强度的功率水平应该增加到无氧阈功率的110%。但是心率不能超过无氧阈 | 1~3级 | 3.5小时 | |
| 周三 | 耐力训练：3×25分钟二级强度到5分钟三级强度的训练。交替进行5分钟60转/分和5分钟100转/分的踏板节奏训练。两组上坡，一组平地 | 1~3级 | 5小时 | |
| 周四 | 休息 | | | |
| 周五 | 简单的耐力训练：3~20秒来改善速度。冲刺间的恢复放松训练（一级强度）至少要有5分钟 | 1~4级 | 2小时 | |
| 周六 | 简单的耐力训练 | 1级 | 1小时 | |
| 周日 | 150公里公路赛 | 1~4级 | 4小时 | |

第18周训练计划（比赛阶段第2周）

| 日 | 训练内容 | 强度水平 | 时间 | 力量训练 |
|---|---|---|---|---|
| 周一 | 进行50%的力量训练（设置和重复次数减少至正常标准的50%） | 1级 | 1小时 | 有（50%） |
| 周二 | 在不同地形上进行3~4小时低强度和中等强度的骑行耐力训练 | 1~2级 | 3.5小时 | |
| 周三 | 休息 | | | |
| 周四 | 简单的耐力训练 | 1级 | 1小时 | |
| 周五 | 比赛第一个阶段（开场）。至少热身30分钟 | 1~4级 | 1小时 | |
| 周六 | 比赛第二阶段 | 1~4级 | 4小时 | |
| 周日 | 比赛第三阶段 | 1~4级 | 4小时 | |

第19周训练计划（比赛阶段第3周）

| 日 | 训练内容 | 强度水平 | 时间 | 力量训练 |
|---|---|---|---|---|
| 周一 | 简单的耐力训练 | 1级 | 1.5小时 | |
| 周二 | 力量训练后灵活度的恢复 | 1级 | 1小时 | 有 |
| 周三 | 间歇性有氧力量训练3组：10×40秒三级强度到20秒一级强度的上坡训练。踏板节奏在三级强度时为60~90转/分，在一级强度时为60~70转/分。每组之间有10分钟的一级训练强度的放松。三级训练强度的功率水平应该增加到无氧阈功率的110%。但是心率不能超过无氧阈 | 1~3级 | 3.5小时 | |
| 周四 | 耐力训练：3×25分钟二级强度的训练。交替进行5分钟60转/分和5分钟90转/分的踏板节奏训练。二组上坡，一组平地 | 1~2级 | 4~4.5小时 | |
| 周五 | 休息 | | | |
| 周六 | 简单的耐力训练 | 1级 | 1小时 | |
| 周日 | 160公里公路赛 | 1~4级 | 4小时 | |

第20周训练计划（比赛阶段的第4周）

| 日 | 训练内容 | 强度水平 | 时间 | 力量训练 |
|---|---|---|---|---|
| 周一 | 耐力训练 | 1~2级 | 5小时 | |
| 周二 | 休息 | 1级 | 1小时 | |
| 周三 | 进行50%的力量训练（设置和重复次数减少至正常标准的50%）。然后进行山地力量训练，2组，5×12秒。当骑行非常慢和换挡的时候开始练习，几乎从静止状态开始，冲刺全程都坐在车座上直到顶点。每个艰苦的冲刺过后，使用轻松的工具来缓解肌肉紧张度2分钟，每组间有10分钟的一级训练强度的放松 | 1~4级 | 2小时 | 有（50%） |
| 周四 | 耐力训练：3×20分钟二级强度水平的训练。交替进行5分钟60转/分和5分钟90转/分的踏板节奏训练。二组上坡，一组平地 | 1~2级 | 4~4.5小时 | |
| 周五 | 休息 | | | |
| 周六 | 简单的耐力训练 | 1级 | 1小时 | |
| 周日 | 160公里公路赛 | 1~4级 | 4小时 | |

## 作者简介

**雷默特·维林加（Remmert Wielinga）**　生于荷兰，曾是一名职业自行车运动员，他从12岁开始自行车运动，参加了数不胜数的国际赛事，其中包括环法自行车赛。1999年，他获得荷兰国家锦标赛计时赛冠军。第二年他加入了荷兰拉博银行队，并再一次在国家锦标赛中取得胜利。2001年，赛默特与意大利自行车队De Nardi–Pasta Montegrappa签订了其第一份职业合同。在合作中，赛默特在如何进行有效的体能锻炼和调整方面获得了突破性的方法。在其职业生涯中，他曾效力于许多世界著名自行车队，如荷兰拉博银行队、快步地板车队和阿斯塔纳车队。在这些自行车队中，他与世界著名的自行车运动员一起训练，并肩参赛。2003年，赛默特获得了两项西班牙自行车比赛冠军。2006年，他在完成了一项引人注目的150公里独立赛事之后，又在瑞士的恰索大奖赛上第一个冲线。赛默特现在在摩洛哥经营一家自行车训练公司——Cycling Promotions（www.cyclingpromotions.mc），提供专业的个人指导业务。

**保罗·考彻（Paul Cowcher）**　自2001年结束舞蹈家的职业生涯（伦敦西区音乐巡回演出）后便投入健康和健身事业中。他在结束舞蹈生涯后意识到，舞蹈和体育有很多相似之处。他曾担任高级教练（CYO）、普拉提教练（健身方向），并且拥有超过10种健身和舞蹈的教学资格证（ISTD）。现在，他是一名私人教练。

**托马索·贝尔纳贝伊（Tommaso Bernabei）**　毕业于伦敦城市大学，是一名编剧和非小说类作家。通过做电视节目，他与意大利美食秀合作，因此对运动营养产生了浓厚兴趣。现在，他是一家意大利游泳俱乐部的饮食规划师，并且正在撰写一本运动营养的食谱。

## 主译简介

**乔钧**　上海市第二康复医院康复治疗部主任，农工民主党上海市委后备干部，中国康复医学会物理治疗专业委员会第一届青年工作委员会常委，上海市康复医学会第一届物理治疗专业委员会常委，中国康复医疗机构联盟肌骨康复专业委员会委员，中国康复医学会康复治疗专业委员会超声技术学组委员。《瑜伽解剖学——体式全彩图解》主译，《关节松动术》编委；发表学术论文10余篇，其中以第一作者或通讯作者发表SCI论文2篇；参与国家级课题一项，主持与承担国家体育总局科技攻关计划项目与各级课题多项。

**王会儒**　博士，教授，上海交通大学体育系副主任，中国体育科学学会武术与民族传统体育分会委员，上海体育科学学会运动康复分会委员，上海市精品课程“瑜伽”负责人。研究方向：民族传统体育与健康促进。王会儒以第一作者或通讯作者发表SCI论文5篇、中文核心期刊论文7篇、国际会议论文6篇；出版学术专著1种、教材1种、科普著作2种，主持翻译著作5种；承担国家及省部级课题多项。